本书编委会名单

主　　　编：刘宇南

副　主　编：周　民　徐长明　张学颖

执 行 主 编：刘建国　张顺茂（华为）

执行副主编：王晓冬

成　　　员：（按姓氏笔画排序）

　　　　　　王皓磊　邓　顺　吴阿明　李　琳　李俊朋

　　　　　　徐慕宁　郭嘉凯　董　超　冀俊峰　戚晓东

信息化领域前沿
热点技术通俗读本

Popular Book on Information Technology Frontiers

国家信息中心 著

人民出版社

序　言

　　当前，新一轮科技革命和产业变革正在全面重塑经济社会各个领域，对于国家治理、产业发展、社会管理、宏观调控提出了全新的课题和挑战。党中央、国务院高度重视网络安全和信息化工作。党的十八大以来，习近平总书记多次就加快推进网络信息技术自主创新建设网络强国、实施国家大数据战略加快建设数字中国、推动我国新一代人工智能发展、加快推动区块链技术和产业创新发展等提出了一系列重要科学论断，做出了一系列重要部署，也对广大党员干部学习和用好大数据等新技术，建立健全运用互联网、大数据、人工智能等技术手段进行行政管理的制度规则提出了明确的要求。

　　在新的历史发展时期，区块链、大数据、云计算、人工智能等新技术日益成为推进国家治理体系和治理能力现代化必不可少的创新工具，掌握新技术的基本概念、运行机理、发展趋势和创新作用，成为党员干部的基本素养之一，也是社会大众紧跟时代创新脉搏的公共课程之一。然而，新技术发展日新月异、目不暇接，认识和把握技术创新趋势的难度日益增加。尤其是对于不专门从事信息技术工作的广大党员干部和社会公众，由于专业背景、时间精力的制约，理解这些新技术存在一定的困难。一般而言，认识和把握新技术有两个基本视角：从"士兵"角度看，要详细掌握"武器"的技术细节和操作规则，需要专业化的精准学习和研究；而从"将军"角度看，则无须陷于技术细节，重在明白各种武器的功用性能和应用场景，根据"战斗任务"明确各种场景下应用什么武器达到"战役"目的即可，需要概要化的趋势学习和研究。

本书围绕广大党员干部理解新技术的现实需求，从"将军"的视角出发，选取了与数字经济发展密切相关的热点前沿技术，用通俗易懂的语言进行了提纲挈领的介绍，跳过不必要的技术细节，力图使读者达到如下目的：一是形成认知框架，通过对信息技术革命历程的梳理和归纳，让读者掌握新技术的整体构成、发展脉络以及彼此之间的逻辑关系。二是掌握技术实质，明确技术的通俗定义、主要创新点和关键应用价值，了解各类技术能够解决经济社会发展中的哪些关键问题。三是明确发展趋势，分析新技术发展趋势和深远影响，为各级领导干部及政策研究者在制定重大战略、出台重大政策、开展重大问题研究中提供参考。

目　录

| 第一章 |

信息技术前沿概述

一、信息技术革命历程

信息技术是推进人类文明发展的重要动力。回顾人类历史，共经历了五次信息技术革命。第一次是语言的产生，为人类进行思想交流和信息传播提供了不可缺少的工具。第二次是文字的出现，使人类对信息的保存和传播取得重大突破，让人类交流超越了时间和地域的限制。第三次是印刷术的发明，使书籍、报刊成为重要的信息储存和传播的媒介，促进了人类文明传承和传播。第四次是电报电话及广播电视的发明，人类进入了利用电磁波传播信息的时代。

1946 年，以第一台电子计算机问世为标志，人类开启了以计算机与现代网络通信技术为核心的第五次信息革命，半导体、集成电路、网络通信、人工智能、数

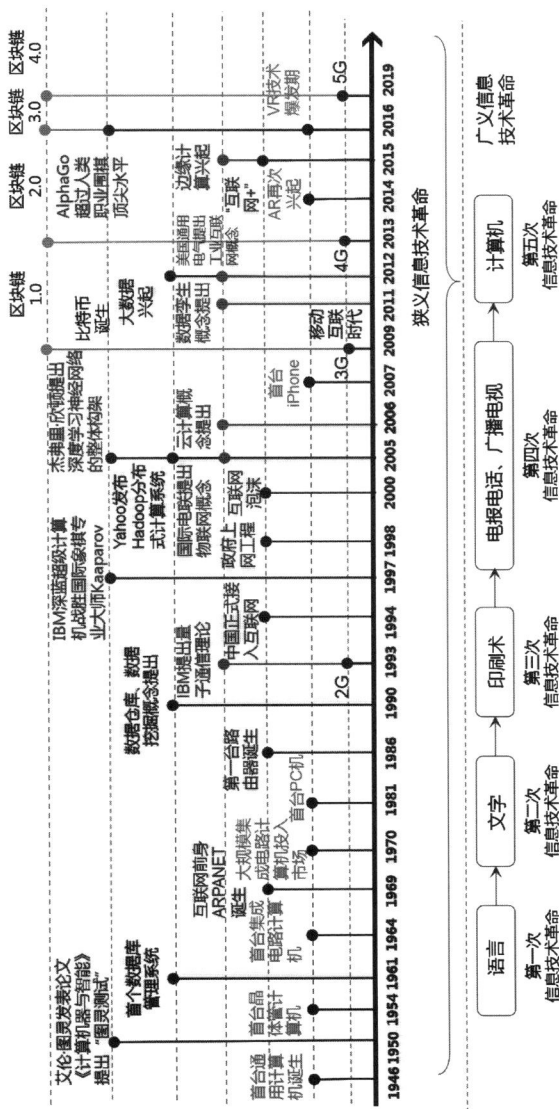

图 1-1　信息技术革命历程

据处理等技术的拍浪式发展，形成了不断迭代、加速演进的持续创新态势，人类采集传输、分析处理、共享利用信息的手段发生了全方位飞跃，生产生活方式产生了翻天覆地的变化，信息革命进一步引起人们价值观念、社会意识的变迁。

第五次信息技术革命催生了一个十分庞大的现代信息技术体系，总体上可分为以下六大类。

一是计算存储类技术，主要解决计算处理和数据存储的问题，经历了电子管计算机（1946—1958年）、晶体管计算机（1958—1964年）、集成电路计算机（1964—1970年）、大规模集成电路计算机（1970年至今）四个阶段。2008年以来，计算存储技术逐步演进到了高度集约共享、按需调度的云计算发展阶段。

二是网络通信类技术，主要解决的是连接的问题，包括互联网、移动互联网、物联网以及最新的量子通信等技术。互联网的诞生始于1969年美国军方建设的阿帕网（Arpanet），主要是为解决在战争状态下指挥系统的灾难备份问题；互联网真正大规模应用，是TCP/IP协议、路由器的诞生之后。1994年，我国首次接入互联网。目前，移动互联网、物联网正在加速推进人类社会进入万物泛在互联的新阶段。

三是数据处理类技术，主要解决数据如何组织管理、开发利用的问题。1961年，GE（通用电气公司）研发了世界上第一个数据库管理系统；1990年，数据仓库、数据挖掘等技术诞生；2012年，麦肯锡公司提出了大数据概念，大数据技术使得人类采集汇聚、分析利用数据的能力提升到一个前所未有的高度，数据逐渐成为同石油一样重要的新型生产要素。

四是人工智能类技术，主要解决计算机模拟人类思维的问题。1950年，艾伦·图灵发表论文《计算机器与智能》，揭开了人工智能发展的序幕；1997年，IBM的深蓝（DeepBlue）战胜了国际象棋大师；2016年AlphaGo战胜了人类顶尖棋手，攻陷了人类智慧的最后一个堡垒。数据、算法、算力的巨大突破推进人工智能开启了新一轮快速发展阶段。

五是交叉创新类技术，主要解决特定应用场景下的需求问题，并在此过程中集成应用各类技术形成了特定的新技术架构和业务形态，形成了新的交叉创新技术，其典型代表是工业互联网、区块链等。

六是网络安全类技术，主要解决网络和信息安全保障问题，代表性的技术主要包括密码算法、身份认证、入侵检测、防火墙、杀毒软件等。

二、信息技术前沿领域

当前，信息技术创新的热点前沿领域包括区块链、大数据、人工智能、云计算、5G、工业互联网、物联网等。这些技术的基础性、引领性和创新性特征明显，对于激发、赋能和提速数字经济发展至关重要，其意义已经远远超出技术和工具层面形成了全方位、战略性影响。这些技术可概括为"5iABCD"。

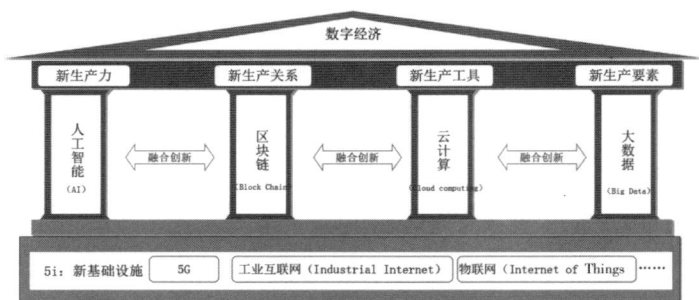

图 1-2 数字经济关键创新技术示意图

1. "5i"代表 5G、工业互联网（Industrial Internet）物联网（Internet of Things）等。当然也包括业已成熟和普及的互联网。5i 技术主要解决连接的问题，推进人类社会进入万物泛在智能互联的新阶段，为经济社会全面数字化转型奠定了坚实基础，在发展数字经济中发挥新型基础设施的作用。

2. "A"代表人工智能（AI，Artificial Intelligence）。人工智能不断突破人类体力、脑力极限，承担大量高危险、高负荷、高精度、高算力的劳动，完成许多"不可能完成的任务"。展望未来，人工智能将无所不在，并在众多领域代替人力劳动，形成超人类生产力，在发展数字经济中发挥着新生产力的作用。

3. "B"代表区块链（Block Chain）。区块链是可直接改变人类社会合作模式、组织机构、运转机制的颠覆性技术，为解决陌生人信任问题、数字资产确权问题、对等公平合作问题提供了有力创新手段，在发展数字经济中发挥着重构数字经济新型生产关系的作用。

4. "C"代表云计算（Cloud Computing）。云计算是主流的计算存储方式，是处理业务、汇聚数据、分析数据的最主要的平台工具，也是支撑大数据、人工智能等技术发展的重要技术平台，逐渐成为支撑数字产业化、产业数字化的通用工具，用云量成为度量数字经济活跃程度的重要指标。

5. "D"代表大数据（Big Data）。大数据技术使人类采集汇聚数据、分析利用数据的能力空前提升，促进数据资源日益成为同土地、资本一样重要的新型生产要素，是未来的新型"石油"，成为发展数字经济的关键生产要素。

"5iABCD"技术之间是彼此关联的，并不断呈现出集成融合创新的趋势，技术之间的界限也在被不断突破。从数据全生命周期的角度看，物联网技术收集海量信息，将促进万物数字化，提升人类实时收集数据的能力；5G 技术低时延、高带宽传输海量数据，提升了数据的鲜活性；云计算技术存储和处理海量数据，使得数据可存储可处理；大数据技术组织海量数据，根据决策主题和应用场景条理化地组织和管理数据；人工智能技术智能化应用海量数据，数据规模达到一定规模后，人类只有通过人工智能才能够真正驾驭和应用好数据；区块链技术形成可信数据并促进数字资产确权，解决数据权属、利益分成等关键问题；工业互联网技术促进新技术与制造业深度融合，集成整合物联网、5G、云计算、大数据、人工智能、区块链等技术应用于制造业，成为推进产业数字化的关键创新技术。

上述关键技术围绕数据的处理和应用形成了一个逻辑闭环，推进数据资源转化为关键生产要素，成为

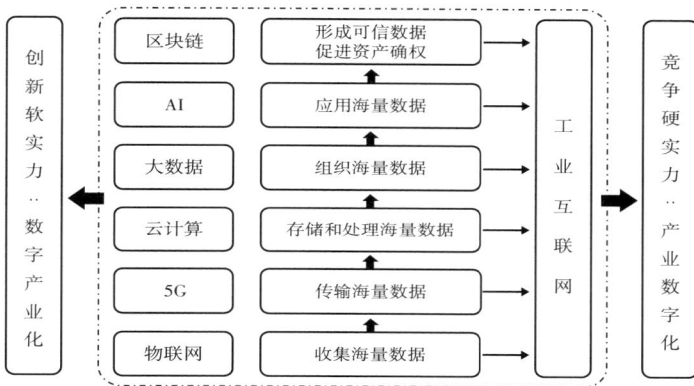

图 1-3 关键信息技术逻辑关系图

发展数字经济的创新原动力。从数字经济的两大创新方向看，一方面新技术直接促进了信息产业的高质量创新发展，推进了数字产业化进程；另一方面新技术不断与实体经济深度融合，提高传统制造业和服务业转型升级，打造国家竞争硬实力，推进了产业数字化进程。

三、信息技术认知规律

近年来，信息技术创新步伐明显加快，从云计算、大数据、人工智能、区块链，呈现"3—5 年必有新技术兴"的局面。这一方面反映了技术创新步伐的加快，另一方面也反映了存在技术轮番过热炒作的现象。尽管技术在不断变化，但是人们认知新技术的规律和习惯并没有变，客观上存在由概念产生、过度炒作、预期失落再到理性发展的过程。这一规律可由技术成熟度曲线（The Hype Cycle）来进行刻画。

技术成熟度曲线，又称技术循环曲线或者技术炒作周期，主要用于描述新技术由概念到实际落地的演进过程，用来评估新科技的成熟程度。技术成熟度曲线诞生于硅谷，世界著名咨询公司高德纳（Gartner）于1995年开始采用技术成熟度曲线对各种新科技的成熟演变速度及要达到成熟所需的时间进行预测，经常被用于指导新技术风险投资及新技术应用决策。

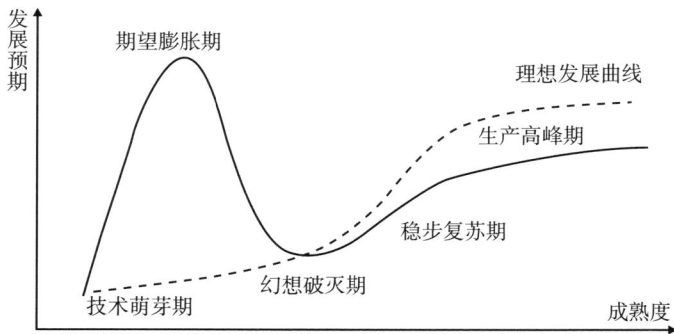

图 1-4　技术炒作周期示意图

技术成熟度曲线一般分为五个阶段：

（一）技术萌芽期（Technology Trigger）。在此阶段，新技术概念开始出现，但一般还处于理论探讨层面，或者是由于技术内容晦涩难懂，还未受到社会公众的广泛关注，新技术概念主要集中在科研技术圈。

（二）期望膨胀期（Peak of Inflated Expectations）。在此阶段，由于媒体大量报道、社会各界的高度关注，新技术处于热炒阶段，社会对新技术的应用发展前进产生非理性高估预期，风险投资加速进入新技术领域，随之引发泡沫式发展。

（三）幻想破灭期（Trough of Disillusionment）。在此阶段，由于新技术应用发展难以短时间内满足预期并落地见效，过度技术炒作开始降温，社会关注度往往会转向更新技术的炒作，产业发展出现萧条趋势，一些跟风炒作的技术公司濒临倒闭。

（四）稳步复苏期（Slope of Enlightenment）。在此阶段，新技术按照自身发展规律逐渐形成突破，典型应用逐渐落地，具有真正核心技术的创新企业成为推进新技术稳步复苏的主力军，社会对新技术的应用发展趋于理性。

（五）生产高峰期（Plateau of Productivity）。在此

阶段，新科技产生实质性的突破，新技术潜力被市场实际接受，新技术落地的条件成熟，进入实质性大规模成熟应用阶段。

技术成熟度曲线较好地解释了近年来新技术炒作现象。认识这一发展规律，对于更加科学地出台相关政策、有的放矢地推进技术创新具有十分重要的现实指导意义。从发展走势上看，概念炒作和技术创新是两回事，大张旗鼓地炒作概念，并不会促进技术创新和行业发展，反而会干扰技术创新、形成发展泡沫、扰乱市场信号、造成资源浪费。在新技术期望膨胀期，专业研究机构和政策研究制定者应该理性研究、客观发声、科学制定相关政策，避免火上浇油，力争熨平期望膨胀之峰，促进新技术按照科学、平稳的理想发展曲线创新演进。

四、信息技术创新体系

（一）技术生态体系

信息技术已成为全球研发投入最集中、创新最活跃、应用最广泛、辐射带动作用最大的技术创新领域。

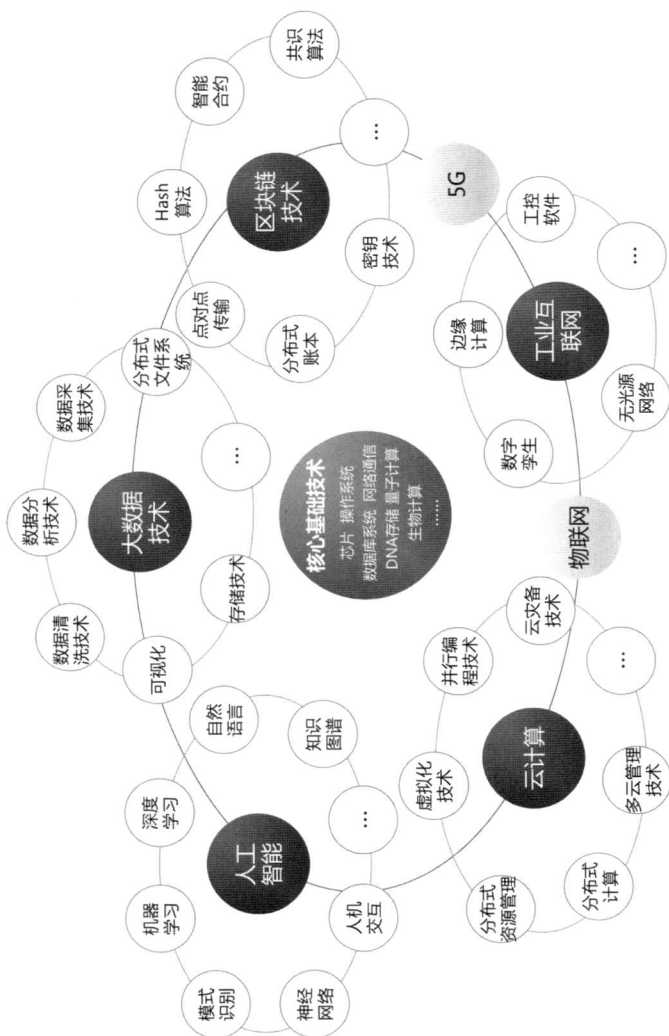

图 1-5　信息技术星系图

信息技术越来越复杂、分工越来越细、产业链条越来越长，逐渐形成日益复杂、彼此关联、有机组成的技术生态体系。

从技术可分解角度，信息技术可分为核心基础技术和组合型技术。关键基础技术是指不可再分解、技术形态相对固定并被广泛应用的基础性核心技术。主要包括芯片、操作系统（OS）、核心算法、数据库管理系统（DBMS）、基础网络通信技术以及量子计算等未来基石性技术等，也可称之为原子型技术。组合型技术是基于多种关键基础技术组合形成的相对固定的、用于解决特定问题的技术。云计算、大数据、人工智能、区块链等热点技术都不是单一技术，均属于由一系列关键基础技术构成的组合型技术。组合型技术的突破必须以原子型技术为前提。举个例子，关键基础技术就像太阳，是技术创新之源；组合型技术是行星，由一系列相关"卫星"型技术构成，这些技术共同构建形成了技术生态体系。

芯片和操作系统是技术生态体系的核心。总体上看，芯片加操作系统成为技术生态体系的核心基石。目前，全球主要有 Windows＋Intel、ARM＋Android 两大技术生态体系。同时，技术创新的步伐也受原子型技术决定，目前，产业界一般用摩尔定律来衡量技术创新的步伐。

　　所谓摩尔定律，是指集成电路上可容纳的元器件的数目，约每隔 18—24 个月便会增加一倍，性能也将提升一倍。这一定律揭示了信息技术进步的速度。2005 年以来，由于集成电路技术逐步逼近发展极限，摩尔定律明显放缓。这也预示着信息技术需要新的基础理论的突破。尽管量子计算、生物计算、DNA 存储等创新技术还未成熟并进入实际应用阶段，但这些技术必将触发计算机理论的突破性变革，成为驱动技术创新的新引擎。

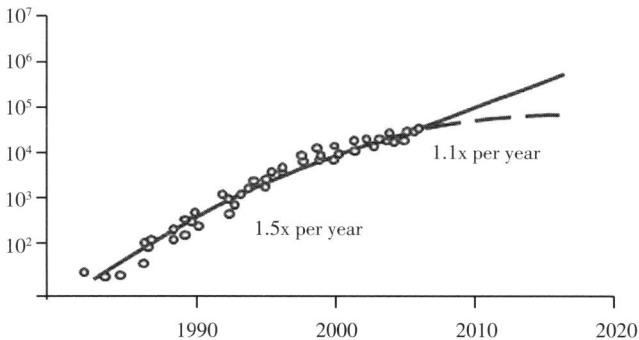

图 1-6　摩尔定律示意图

（二）坚持自主创新

近年来，世界科技竞争格局加剧，华为、中兴事件进一步凸显了核心技术自主可控的极端重要性，加快核心技术自主创新成为推进新技术应用、发展数字经济的重要前提条件。当前，我国新技术领域创新仍然较多集中在应用创新层面，必须按照技术生态体系的发展规律和趋势，形成包括基础创新、集成创新、生态创新和协同创新、应用创新在内的全方位自主可控技术创新体系。

1.基础创新是核心。信息技术创新是建立在核心基础技术之上的。核心技术的创新突破，是驱动信息技术创新突破的核心动力，没有核心技术的自主可控，组合型技术的自主可控就是无源之水、无本之木。多年来，

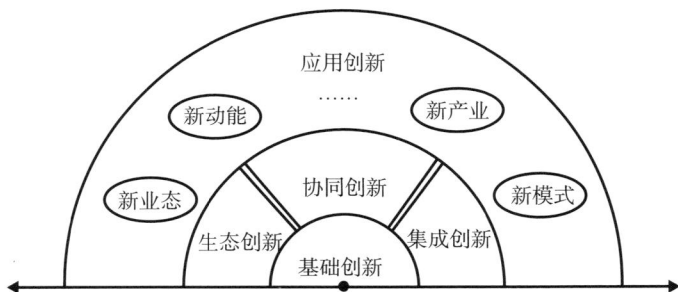

图 1-7 信息技术创新体系

我国信息技术"缺芯少魂",自主创新被卡脖子,面临着被断供的系统性风险。2018年,我国进口芯片总额达到3120多亿美元,相当于石油、钢铁、粮食进口的总和。基础技术创新周期长、突破难、见效慢,但却是自主创新绕不过去的"必修课"。

2. 生态创新是关键。技术生态体系日益复杂,技术创新日益成为复杂的系统工程。我国信息技术自主创新能力弱,不仅在于缺乏成熟的国产化操作系统和核心芯片,更严重的是产业生态体系长期依附于Windows+Intel 和 ARM+Android 架构,没有产业链上下游的配套和自主研发的操作系统和芯片,缺乏生态支撑、量产基础和迭代更新动力。没有技术生态体系的支撑,单点创新突破也难以为继。最近华为以自主芯片和操作系统打造鲲鹏生态,有望走出一条生态化自主创新的路子。

3. 协同创新是路径。技术创新涉及政产学研用多元主体,需要协同创新的合力。其中,政府发挥政策引领的作用,企业、大学和科研机构是最主要的技术创新主体,学研用协同创新尤为重要。目前,我国学研用协同创新主要停留在技术成果转移上,存在创新脱节现象,急需探索构建跨界合作、要素融合的新模式。

4.集成创新是趋势。技术的综合集成创新日益明显，各类新技术之间你中有我、我中有你、互相促进。例如，云计算、大数据促进了人工智能的发展，人工智能又提升了开发利用大数据的能力。近年来，由于受部门分工制约，我国新技术相关政策规划还是主要按照单一技术来制定，一定程度上人为割裂了技术之间的纽带，必须把握技术集成创新趋势，加快跨学科、跨技术、跨领域集成创新的扶持引导力度。

5.应用创新是引领。经济社会现实需求和问题是驱动技术创新的直接牵引力。由于市场体量大、创新主体活跃，应用创新是我国较为突出的优势，涌现出一大批新业态、新模式、新动能，电子商务、移动支付、共享单车都走在世界前列。新技术应用的主要场景包括数字中国、数字经济、智慧城市、智慧社会等各个领域，围绕这些特定的应用场景，技术创新将能够提升针对性和实际成效。

第二章

区块链：优化生产关系的利器

2008 年，由美国次贷危机引发的金融危机席卷全球，暴露了世界金融体系中货币超发泛滥、金融中介疯狂逐利等问题。同年年底，一个化名中本聪的神秘人士（也可能是一个组织）在"密码学论坛"上发表了题为《比特币：一种点对点的电子现金系统》的论文，首次提出构建去中心化、永不超发的加密数字货币—比特币（BTC, Bit coin）。在比特币研发过程中，区块链（Block Chain）技术应运而生，并因为比特币的惊人发展引起社会各界的广泛关注。

一、什么是区块链

（一）比特币发展概况

理解区块链，绕不过比特币。比特币是一种依靠加密算法系统发行的去中心化的虚拟数字货币。比特币在设计上体现了黄金的一些特征，即总量控制、产量递减，共计 2100 万枚，预计到 2140 年全部发行完毕。2009 年 1 月，世界上第一枚比特币问世，起初并未引起人们的广泛关注。2010 年，美国一位程序员用 10000 个比特币换得价值 25 美元的比萨饼优惠券，1 比特币仅值 0.25 美分；2012 年世界首家比特币交易所在法国诞生，同年 12 月，比特币价格首次超过国际黄金价格，比特币价格波动较大，最高价格曾经逼近 2 万美元。

比特币是现代科技史上的一个奇迹。其系统软件全部开源，系统本身分布在全球各地，无中央服务器、无任何负责主体、无外部信用背书、无维护人员，面临大量黑客无数次攻击。但是，就是这样一个"四无"系统却稳定运行了十年，支持全天候快速高效转账给全球范围内的任何对象，所有比特币的转账记录透明公开，可追溯，有效解决了在没有中心机构的情况下，总量恒定的数字资产发行和流通的问题。比特币的发展充分展现了区块链技术的巨大创新潜力，证明科学设计的加密信息系统能够很好地实现对现有中介组织和规则体系的替代。

（二）区块链基本定义

区块链脱胎于比特币，是一项分布式共享账本技术（DLT，Distributed Ledger Technology），通过点对点通信、加密算法、共识机制等关键技术，建立一个多节点共同记账的超级账本，可以完整、不可篡改地记录价值转移（交易）的全过程，形成不依赖中心组织和现有规则的信任关系。2015年，《经济学人》将区块链称为"构建信任的机器"。区块链中的"账本"是一个广义概念，泛指商品交易、资产流通或其他真实行为的数据记录，分布式账本是区块链技术的核心概念，正是基于这个超级分布式账本，区块链技术得以在不信任或弱信任环境下实现了信息对称，建立起了信任机制，成为"构建信任的机器"。

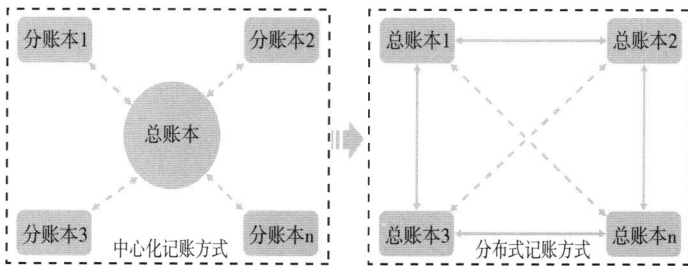

图 2-1 分布式记账方式

区块链这一叫法也十分形象。区块链系统中的数据是以区块（Block）为单位产生和存储的，系统每隔一段时间，就会把交易记录打包成一个区块并分发给各个节点。系统产生的第一个区块叫创始区块，之后每一个新区块生成时，都会被打上时间戳，每一个区块按照时间戳顺序形成了彼此关联的链条（Chain）。这样就构成了区块链。

区块（Block）+链（Chain）=区块链（Blockchain）

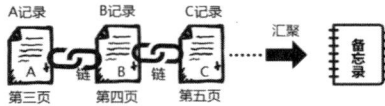

（1）数据以区块（Block）为单位产生和存储，并按照时间顺序连成链式（Chain）数据结构
（2）所有节点共同参与区块链系统的数据验证、存储和维护。新区块的创建需得到共识确认，并向各节点广播实现全网同步，之后就不能更改或删除

图 2-2　区块链名称图释

（三）区块链主要特征

区块链精巧的设计理念产生了超出传统业务系统框架的鲜明优势，它所具有的去中心化、开放透明、不可篡改、匿名、可追溯等特征，在众多领域具有广阔的应用空间。

表 2-1　区块链技术特征及优势对照表

主要特征	特征描述	优势价值
去中心化	区块链里所有节点都在记账，业务逻辑依靠加密算法维护，实现基于共识规则的自治，无须一个中心化组织，或者精简和优化现有中心组织	能够避免中心化组织机构（或中介）带来的低效、腐败和作恶等，减少不必要的中介组织，提高经济社会运行效率
规则开放透明	区块链技术是开源的，除了交易各方的私有信息被加密外，区块链数据对所有人开放，任何人都可以通过公开接口查询区块链上的数据和开发相关应用，整个系统信息高度透明	消除了各种潜规则，有利于构建更加公平、公正、公开的协作关系和商业模式
不可篡改	任何人都无法篡改区块链里面的信息。除非控制了51%的节点，或者破解了加密算法，而这两种方法都是极难实现的	基于不可篡改性，真实记录了多元主体的交易或交互行为，形成了不可抵赖的记录，构建了无须背书的信任
匿名	由于区块链各节点之间的数据交换必须遵循固定的、预置的算法，因此区块链上节点之间不需要彼此认知，也不需要实名认证，而只基于地址、算法的正确性进行彼此识别和数据交换	有利于构建陌生环境下陌生人之间的信任机制，扩展人们经济社会行为的活动范围

主要特征	特征描述	优势价值
可追溯	区块链是一个分布式数据库，每个节点数据（或行为）都被其他人记录，所以区块链上的每个人的数据（或行为）都可以被追踪和还原	分布式账本记录每笔交易，可追溯性在数字资产确权、规范市场活动等方面具有巨大应用价值

（四）区块链发展历程

自 2008 年诞生以来，区块链技术逐步走出加密数字货币的小圈子，推进主体和创新重点不断变化，总体上可分为可编程货币、可编程金融、可编程社会和可编程治理四个发展阶段。

1.区块链 1.0 阶段：加密数字货币。这一阶段以加密数字货币圈技术极客为主要推动力量，区块链应用主要集中在以比特币为代表的加密数字货币领域。2009 年比特币诞生之后并没有立即引起人们的重视，直到 2010 年才产生第一笔比特币交易。但是比特币的发展的确是惊人的，2012 年 12 月，比特币价格首次超过国际黄金价格，目前价格维持在一万美元左右。加密数字货币构建了一种去中心化、全球通行的数字支付系统，强烈地冲击了传统金融体系。这也造成了社会上一些人

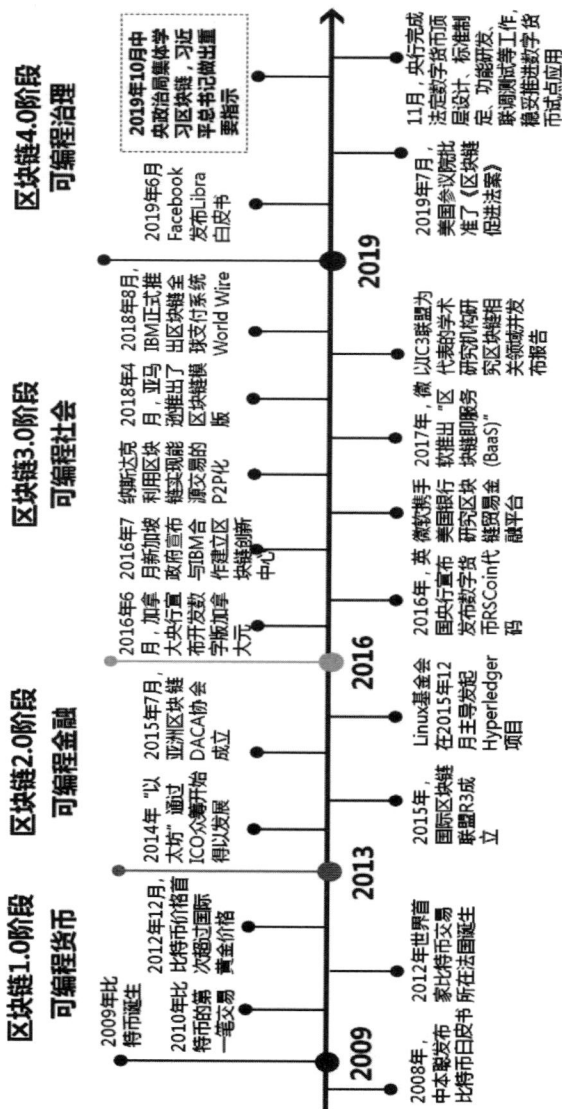

图 2-3　区块链发展阶段

错误地将区块链与比特币等同看待。

2.区块链2.0阶段：可编程金融。这一阶段以金融机构为主要推动力量，人们开始将区块链技术的应用范围扩展到其他金融领域，突出的标志是"智能合约"理念被引入区块链，形成了可编程金融。有了智能合约系统的支撑，区块链的应用范围开始从单一的货币领域扩大到涉及合约功能的其他金融领域，得以在股票、清算、私募股权等众多金融领域崭露头角。

3.区块链3.0阶段：可编程社会。这一阶段以科技巨头为主要推动力量，产业界由探索尝试开始转向大规模研发投入，区块链应用逐渐向金融领域之外辐射延伸，陆续被应用到了公证、仲裁、审计、域名、物流、医疗、邮件、鉴证、投票等其他领域中来，应用范围扩大到了整个社会。在这一应用阶段，人们试图用区块链来颠覆互联网的最底层协议，让整个社会进入价值互联网时代，形成一个可编程的社会。

4.区块链4.0阶段：可编程治理。2019年以来，国家力量开始系统性布局区块链在国家治理乃至国际治理领域的应用，标志性的事件包括中央政治局第十八次集体学习、美国通过区块链促进法案、Facebook发布Libra技术白皮书试图借助国家力量重构世界金融秩序等。国家主导力量的介入将催生区块链在经济社会治理领域的权威性重大应用的出现，促进区块链向可编程治理的新阶段迈进。

（五）区块链主要类型

区块链包括公有链和许可链两种。其中公有链是指完全开放的区块链应用，公众不用经过任何许可，即可在公有链发布消息，其特点是去中心化，完全透明，因此难以监管。许可链是经一定授权许可才能参与的区块链应用，许可链又可分为联盟链和私有链，由特定联盟和部门进行运营管理，因此并不是完全去中心化的，是一种可控、可信的区块链。由于私有链较为封闭，应用场景较为局限，目前联盟链是区块链创新的主阵地。我国大力发展区块链技术，也主要是聚焦在联盟链的应用创新方面。联盟链兼顾了公有链的去中心和私有链的高效，同时可兼容现有规则体系并实现有效监管，是区块链技术最主要的应用落地方向。

表 2-2 区块链技术分类表

	公有链	许可链	
		联盟链	私有链
参与者	任何人自由进出	联盟成员	组织内部
共识机制	PoW/PoS/DPoS 等	分布式一致性算法	分布式一致性算法
记账人	所有参与者	联盟成员协商确定	自定义
激励机制	需要	可选	可选
中心化程度	去中心化	多中心化	（多）中心化
突出特点	信用的自建立	效率和成本优化	透明和可追溯
承载能力	3—20 笔/秒	1000—10000笔/秒	1000—200000笔/秒
典型场景	加密货币、存证	支付、清算、公益	审计、发行

（六）区块链认知误区

误区一：区块链就是比特币。虽然区块链技术源自比特币，但是区块链和比特币并不能混为一谈。简言之，区块链是比特币的底层技术和基础架构，比特币只是区块链的成功应用之一。以比特币为代表的加密数字货币是典型的公有区块链应用。目前全球有一千多种数字货币，并且数量还在不断增加。认识和利用区块链技术，首先必须走出各种数字货币的桎梏，主要关注区块链独特的共识信任机制，解决陌生人非信任环境下的交易安全性问题，将分布式账本和智能合约的科技潜力更好地应用于经济社会相关领域。

误区二：区块链是一项新技术。区块链并非一项全新的技术，也不是一项单一的技术，而是基于点对点协议、加密算法、共识机制和智能合约等现有成熟技术的集成创新，组成区块链的这些技术都是十分成熟并应用广泛的现有技术。但是这并不意味着区块链是新瓶装旧酒，区块链技术的"新"主要体现在它颠覆传统模式的设计思想和理念，十分精巧地构建起了基于技术的共识机制、激励机制和自组织机制。与其说区块链是新技术，不如说是新理念、新思维或新模式。

误区三：区块链会替代现有系统。一些观点认为区块链会颠覆现有业务模式和架构，分布式数据库将取代传统数据库，其实这只是神化了区块链。任何技术都有其技术优劣和适用场景。一方面，区块链技术的存储冗余性是以牺牲性能为代价的；另一方面是，区块链各种适用场景下的业务创新还必须遵循现有的基本规则体系。这两方面的原因决定了区块链技术不可能完全取代现有业务系统，更可能的情况是利用区块链技术和理念来改造和完善现有业务系统，形成区块链技术和现有业务系统"链上＋链下"相结合的业务创新格局。

二、区块链的重要价值

区块链以其精巧的设计理念和思维，能够推进经济社会相关领域规则体系重构，改变人与人、人与组织、组织与组织之间的协作关系和利益分配机制；同时区块链技术能够有效解决"双花问题"，即避免同一笔数字资产因不当操作被重复使用的情况，这为解决数字资产确权和交易流通提供了解决方案，可以突破制约数字发展的数字资产确权和双花等问题，构建形成适应数字经济发展的新型生产关系，这成为区块链技术最重要的价值所在。

（一）减少交易中间环节，促进降本增效

经济社会生活各个领域存在大量寻租性中介组织，其中一些组织并不创造真实价值，而是仅仅通过对业务

信息或数据的垄断谋取利益，人为增加了不必要的交易环节和成本。通过区块链的创新应用，可以构建基于技术的经济行为自组织机制来代替部分中介机构的业务作用，可以大幅提升数据获取、共识形成、记账对账、价值传递的效率，进一步打通上下游产业链，大幅减少不必要的中介组织和中间环节，提升各行业供需有效对接效率，为社会公众和商事主体减负松绑，促进实体经济降本增效。

（二）助力数字资产确权，激发创新活力

在数字经济时代，数据资源正变得越来越重要。2019 年，我国已经正式将数据作为同劳动、资本、土地、知识、技术、管理同等重要的七大生产要素之一，推进建立数据要素市场制度。但由于数据确权难、追溯难、利益分成难，数据还无法实现市场化高效配置和有序流通，严重制约数字经济的发展。基于区块链的分布式、不可篡改、可追溯、透明性、多方维护、交叉验证等特性，数据权属可以被有效界定，数据流通能够被追踪监管、数据收益能够被合理分享，为数据生产要素及其他数字资产的高效市场化配置扫除障碍，有望扭转当

下数据拥有、使用和利益分配日趋集中化的趋势，推动整个社会和数字经济向着更加可信、共享、均衡的方向发展，进一步释放数字经济创新活力。

（三）缩短信任的距离，拓展协作空间

人类近代生活方式的改变与进步，无不与科学技术的发展有着直接的关系。科技革命总是辩证地在扩展人类活动疆域的同时缩短彼此的距离。每一次重大的科技变革总是伴随着某种意义上"距离"坍塌，从而为人们带来了便利。例如，交通工具的发明拓展了人类的活动半径缩短了人们地理上的距离；通信工具的发明拓展了人类的"对话"半径缩短了物理上的距离；互联网的发明拓展了人类获取信息的半径缩短了信息的距离；人工智能的发明拓展了认知的半径缩短了认知世界的距离。

如今，区块链为我们带来了一次新的半径拓展。区块链可以不依托权威中心和市场环境形成基于密码算法的信任机制，使得远隔万里、从未谋面乃至永不会谋面的陌生人能够建立信任关系，拓展了人类信任的半径，从而使得陌生人合作成为可能。尤其是在一些市场机制

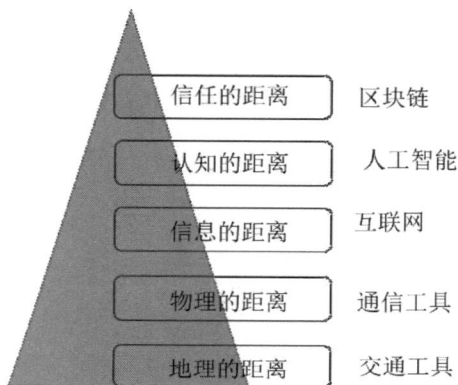

图2-4 区块链缩短信任的距离

不健全、信用体系缺失的地区和领域，区块链技术的价值更显珍贵。区块链技术使得陌生主体之间能够建立基于技术约束的生产关系，使得在陌生环境下开展商业合作成为可能，有望激发出一系列新的业务模式。

（四）驱动互联网革命，加快价值传递

21世纪的头20年，人类社会经历了互联网的全面洗礼和再造，"互联网＋"使得相关行业领域产生了天翻地覆的变化，人们的生活因互联网而更加便捷，经济活动因互联网而更加活跃，社会因互联网而更加公平开放。然而，互联网主要解决的是信息的传播问题，信息内容的真假还难以判断，数字资产的转移还存在很多制约障碍。互联网在带来巨大便利的同时，也充斥着越来越多的虚假信息，甚至成为各种新型欺诈行为的温床，人们在越来越依赖互联网的同时，也越来越戒备互联网。基于区块链技术可以构建基于技术约束的下一代可信任互联网，解决传统互联网的陌生人信任问题，将会让数字资产在互联网上高效地流通。基于区块链技术可以有效保护互联网上的数字资产和知识产权，人与人之间进行资产交易会如同发邮件一样便捷，人们会因为区块链技术的创新而对高度依赖的互联网放下戒备之心，互联网将诞生更多有价值的应用。

（五）强化诚信体系约束，净化市场环境

区块链是构建信任的机器。通过推动区块链和实体经济深度融合，可打造便捷高效、公平竞争、稳定透明的市场环境。区块链技术不可篡改、可追索的技术特征可在市场机制不完善和诚信体系不健全的地区和领域发挥十分重要的信任机制创新作用。在传统模式下，市场监管的工作量大、执行难度高，由于行政执法资源及监管手段的不足，被社会大众广为痛恨的老赖现象、假货

现象、欺诈行为屡禁不止、难以杜绝。区块链技术可形成无须中介机构和法律法规为前提条件的自组织和自监管机制，其分布式账本的不可篡改、不可抵赖、不可操控性事实上起到了对各类经济行为进行技术监管的作用。这有利于解决中小企业贷款融资难、银行风控难等问题；通过全程记录商品生产和交易流通过程，大幅降低假冒伪劣、以次充好等各类市场欺诈行为，解决市场监管难等问题。

三、怎么用好区块链

（一）明确应用场景特征

区块链是一项极具潜力的可信数字交易的技术，但也并非万能药，只适合于特定的场景。现阶段区块链适合的场景有三个特征：一是存在去中心化、多方参与和写入数据的应用；二是初始情况下相互不信任的多个参与者建立分布式信任的需求；三是对数据真实性要求高的应用。如具备这三个特征，那么可以判定这一场景适合采用区块链技术。在具体的工作中，可根据下图进行决策判别。

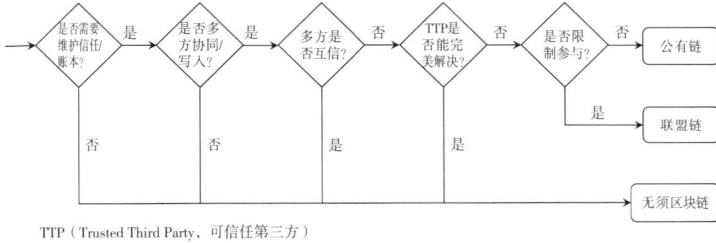

TTP（Trusted Third Party，可信任第三方）

图2-5 区块链应用引导逻辑图

（二）不断推进技术突破

区块链是一项集成创新型技术，也是一项不断演进的技术。在具体应用中应该坚持以解决实际问题为导向，合理选择应用相关技术组合。在现实世界里，很难有应用场景完全脱离现有中心组织和规则体系。完全生搬硬套去中心化等太过理想化的理念，将陷入"邯郸学步"的窘境。用好区块链技术，首先要解放思想，以发展的眼光、动态的技术、现实的需求来认识和理解区块链，在实践中对区块链技术进行大刀阔斧的优化组合和取舍，以实际业务需求为牵引，强化基础研究，推动协同攻关，提升原始创新能力，推动区块链技术创新应用，着力攻克一批关键核心技术，加快推动区块链技术和产业创新发展。

（三）聚焦业务创新方向

区块链技术应用已延伸到数字金融、物联网、智能制造、供应链管理、数字资产交易等多个领域。这些领域的应用场景同区块链技术特征和适用范围较为匹配，现实需求也较为强烈，可作为优先发展领域率先突破。

在民生服务领域，推动区块链技术在教育、就业、养老、精准脱贫、医疗健康、商品防伪、食品安全、公

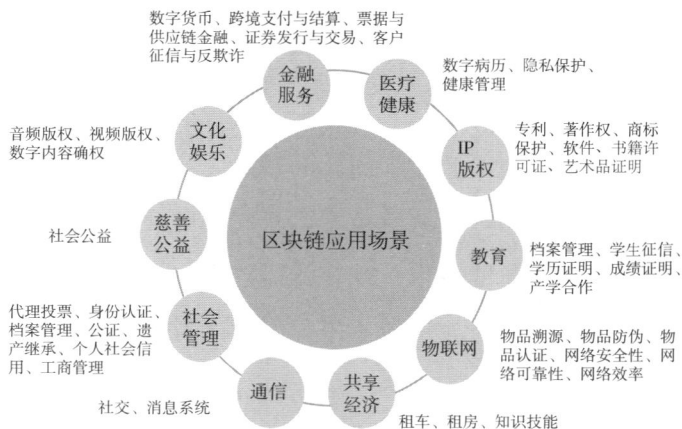

图 2-6 区块链应用场景示意图

益、社会救助等领域的应用，为人民群众提供更加智能、更加便捷、更加优质的公共服务。

在政务服务领域，可利用区块链数据共享模式，实现政务数据跨部门、跨区域共同维护和利用，促进业务协同办理，深化"最多跑一次"改革，在电子证照、市场自律、行业监管等方面为人民群众带来更好的政务服务体验。在新型智慧城市领域，推动区块链底层技术服务与新型智慧城市建设相结合，探索在信息基础设施、智慧交通、能源电力等领域的推广应用，提升城市管理的智能化、精准化水平；利用区块链技术促进城市间在信息、资金、人才、征信等方面更大规模的互联互通，保障生产要素在区域内有序高效流动。

四、如何发展区块链

我国区块链产业发展仍处于初期，目前还没有出现具有示范效应的典型应用，区块链技术的商业应用价值还未得到充分证明，核心加密算法、共识机制等核心技术的国产化率还较低，商业应用价值尚未得到充分证明。目前虽然不少的企业和机构投入到了区块链领域，但距离真正的在多领域普及、深度应用还有很远的路要走。

（一）加速区块链标准规范落地

区块链技术尚未成熟，标准化程度仍然较低，尤其是涉及区块链监管、跨链协同等关键环节的标准几乎是空白，严重制约了区块链的产业化进程；同时安全一直是区块链技术的核心，但涉及算法安全的标准仍然未形成。国家相关管理部门应充分发挥产业的力量，依托开源社区、技术联盟加速区块链标准的制定，特别是跨链、加密算法等重点标准在国内的落地，占领区块链产业在国际上的标准话语权。

（二）构建区块链产业孵化环境

区块链技术还是新生事物，产业生态体系还很不健全。无论是对企业还是各级政府而言，发展区块链还处于摸着石头过河的阶段，尚没有成熟的经验模式可供参考。目前我国的区块链创新项目还处于一盘散沙、各自为战的状态，缺乏领军企业、缺乏核心技术、缺乏成熟商业模式，其中还夹杂着一些纯粹炒作概念的投机行为，这对整个区块链产业的健康发展是不利的。因此急需大力鼓励政产学研用多方主体协同参与开展区块链应用试点，在国内建立区块链的应用孵化环境，优化产业环境，加速产业成熟，在新一轮区块链技术创新竞争中获得先机。

（三）出台区块链产业引导政策

国内外的成功经验表明，在新技术产业发展早期，科学合理的产业政策能够发挥巨大的促进和引导作用。当前，区块链进入可编程治理的新阶段，国家力量将成为推进区块链创新发展的重要动力。世界主要发达国家对区块链技术的态度逐渐由中立转向支持，都纷纷出台相关产业政策促进本国区块链技术创新应用。例如，美国于 2017 年成立国会区块链决策委员会，2019 年 7 月通过了《促进区块链发展法案》，部分州甚至发放了数字货币的许可证（Bit license），通过区块链签名和智能合约合法性法案。目前我国的区块链产业政策还主要有相关部门和部分省市分别进行小范围的推广，需要从全局层面出台清晰的区块链产业政策，系统性开展对区块链技术研发、标准规范编制、试点示范工程建设、区块链科学监管等工作的扶持引导，促进相关产业在区块链产业竞争中争得有力位置。

（四）包容审慎监管区块链发展

区块链技术发展仍处于早期阶段，应用还不成熟，运行安全面临挑战，可能给国家政治安全、意识形态安全、主权安全、金融安全等带来诸多风险。比如：区块链可能会成为存储、传播违法违规信息，实施网络违法犯罪活动的工具；基于区块链的数字货币，可能为跨国犯罪、非法交易提供极大便利；非官方数字货币打造的商业体系，可能影响国家经济金融安全等。这些问题是区块链发展过程中不可避免的挑战，但是绝对不应该因此而因噎废食、畏手畏脚、错失机遇。必须坚持包容审慎原则，加强对区块链技术的引导和规范，加强对区块链安全风险的研究和分析，密切跟踪发展动态，积极探索发展规律，逐步建立适应区块链技术机制的安全保障和监管体系，引导和推动区块链开发者、平台运营者加强行业自律、落实安全责任；把依法治网落实到区块链管理中，推动区块链安全有序发展。

五、区块链未来发展趋势

区块链将给人类社会带来多发的技术影响，目前还是一个未知数。但是产学研界普遍认为目前我们还仅仅只是看到了区块链潜在价值的冰山一角。区块链技术不仅仅会改变技术、重塑产业，还会撼动人类社会既有秩序、传统规则和价值体系。随着区块链技术的逐步成熟，可以预见，区块链将呈现以下发展趋势。

1.区块链成为全球技术发展的前沿阵地，开辟国际竞争新赛道。区块链将成为进一步提速数字经济发展的新型关键基础设施，引领全球新一轮技术变革和产业变革，成为技术创新和模式创新的"策源地"，世界主要发达国家将进一步对区块链技术的关注度，密集出台相关政策规划，加大产业扶持引导，提升本国区块链技术和产业的竞争力。

2.数字货币泡沫逐步冷却，行业联盟链成为创新的主战场。伴随着区块链技术概念的传播普及，越来越多的人将认识到比特币并不等同于区块链，各种空气币将逐步被淘汰，区块链技术创新将回归到更加理性的轨道。去中心化、多方协同、防篡改等技术特征将受到相关行业领域的高度重视，部分创新能力较强的行业将率先在联盟链应用方面取得突破，结合行业特征改造后的区块链应用将不断涌现。

3.区块链技术体系逐渐清晰，跨领域集成创新程度进一步加大。随着应用场景的不断拓展，区块链技术本身也将不断演进变化，在共识机制、分布式账本、智能合约等关键核心技术的基础之上，区块链技术将加快与云计算、大数据、人工智能等前沿技术的深度融合与集成创新，跨链互操作技术将不断成熟，基础通用标准体系和行业特色标准体系将加快建立，逐步形成以联盟链为主的"链上＋链下"相结合的技术体系。在此基础上，区块链技术将进一步加快物流、信息流、资金流融合，切实发挥出推进实体经济转型升级和创新发展的巨大作用。

4.区块链将是一种改变生产关系的基础设施，基于价值的可编程社会将成为现实。区块链将推动人类社会建立基于加密算法而无须人工干预的新型信任机制，越来越多的经济社会事务和中介机构将会被程序代码和算法所替代，人们将更愿意以共同参与、公平可见、基于技术的机制来构建信任、传递价值、开展合作，人与人之间、产业上下游之间将形成更加平等的生产合作关系，共建、共享、共治的平台经济将更好地解决多元主体之间的共赢合作和利益分成等问题，"共享经济"范围将进一步拓展，基于价值的可编程社会或将成为现实。

第三章

大数据：数字经济新生产要素

当前，大数据作为新一轮工业革命中最为活跃的技术创新要素，正在全面重构全球生产、流通、分配、消费等领域，对全球竞争、国家治理、经济发展、产业转型、社会生活等方面产生全面深刻影响。2019 年 11 月，党的十九届四中全会历史性地将数据作为与劳动、资本、土地同等重要的生产要素，大数据将在数字经济发展中发挥更加重要的创新作用。

一、什么是大数据

（一）大数据基本定义

2011 年 5 月，全球知名咨询公司麦肯锡第一次明确提出了大数据概念，将其定义为"无法在一定时间内用传统数据库软件工具对其内容进行采集、存储、管理和分析等能力的数据集合。"我国《促进大数据发展行动纲要》将大数据定义为"以容量大、类型多、存取速度快、应用价值高为主要特征的数据集合。"

（二）大数据主要特征

大数据的特征可以用"4V"来概括。一是数据体量（Volume）巨大，起始计量单位一般是 PB 级以上；二是数据类型（Variety）繁多，在传统结构化数据类型之外还包括网络日志、视频、图片、地理位置信息等半结构化或非结构化数据；三是价值（Value）密度低，但

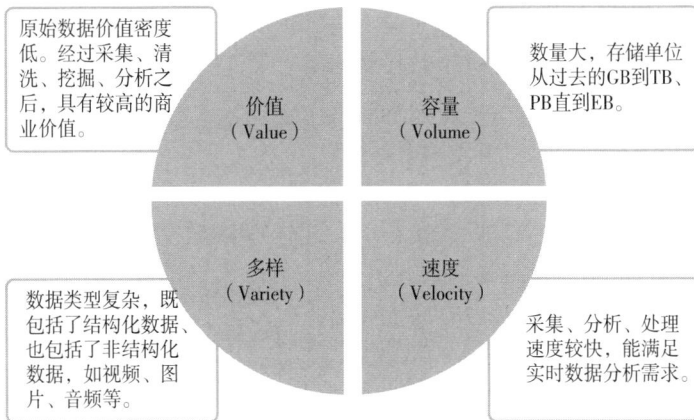

原始数据价值密度低。经过采集、清洗、挖掘、分析之后，具有较高的商业价值。

价值（Value）

容量（Volume）

数量大，存储单位从过去的GB到TB、PB直到EB。

多样（Variety）

速度（Velocity）

数据类型复杂，既包括了结构化数据、也包括了非结构化数据，如视频、图片、音频等。

采集、分析、处理速度较快，能满足实时数据分析需求。

图 3-1 大数据 4V 特征

是应用价值高。四是处理速度（Velocity）快。这四点是大数据区别于传统数据库、数据挖掘技术的最本质的特征。

大数据给人们最直观通俗的感觉是"大"，尽管从专业技术角度看，大数据并不仅仅是指数据体量大，但是大数据的规模也确实不小，远远超出我们日常工作生活中所能遇到的数据规模。一般情况下，我们日常处理的数据是兆（MB）和G（GB）这一规模的，而度量大数据规模的计量单位是TB、PB、EB、ZB。

表 3-1　数据量级对比

数据量级	直观理解	存储规模
1TB	相当于 20 万张照片或者 671 部《红楼梦》	只需要一块硬盘可以存储
1PB（1024TB）	相当于 50% 的全美学术研究图书馆藏书的信息内容	需要大约 2 个机柜的存储设备
1EB（1024PB）	5EB 相当于至今全世界人类所讲过的话语	大约 2000 个机柜的存储设备。如果并排放这些机柜，可以长达 1.2 公里。如果摆放在机房里，需要 21 个标准篮球场那么大的机房
1ZB（1024EB）	相当于全世界海滩沙子数量总和	IDC 预测，2020 年全球的数据总量是 40ZB

（三）如何理解大数据

理解大数据，首先要搞清楚大数据技术、大数据资源和大数据产业的关系。这三个概念容易相互混淆，形象比喻，这三者的关系就如同石油钻探开采提炼技术、石油资源与石油产业一样既紧密联系又各有不同。

大数据技术是指采集获取汇聚处理数据的技术总称，包括数据的采集、数据预处理、分布式存储、数据库、数据仓库、机器学习、并行计算、可视化等；而大数据资源是指数据本身，是从资源利用的角度出发的，主要关心数据从哪里来、如何确权、如何治理、如何共

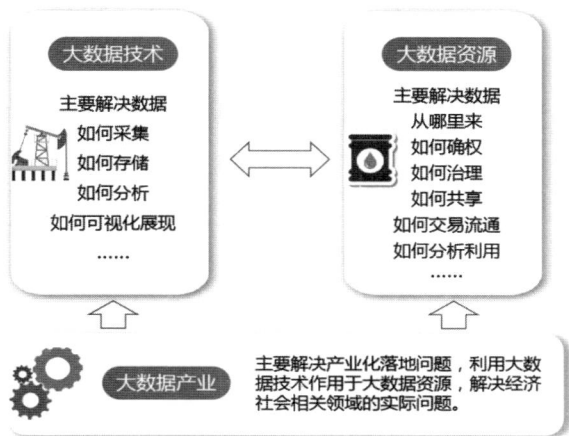

图 3-2　大数据相关概念关系

享、如何交易流通、如何分析利用等问题。大数据产业则利用大数据技术作用于大数据资源，解决产业化落地问题。对大多数读者而言，主要从资源利用视角即可。

1. 大数据是一种生产要素。在数字经济时代，数据如同农业经济时代和工业经济时代中的土地、劳动力、资本和石油一样成为关键生产要素。数据所蕴含的巨大创新价值，对于商业模式创新、产业数字化转型、经济高质量发展、治理能力现代化乃至重大科学发现都是必不可少的。人们一般将数据比作新时代的"石油"，这并不是说数据与石油的要素特征是相同的，而是反映其对经济发展的重要作用是等同甚至远远超过石油的。

2. 大数据是一种洞察能力。大数据不仅仅只是一个大的数据集，它的实质是一种基于数据的洞察能力。通过对高度关联的数据的分析中获取知识和价值，提升用数据说话、用数据管理、用数据创新、用数据决策的能力。例如李克强总理任职辽宁省委书记时期，通过耗电量、铁路货运量和贷款发放量三个指标分析当时辽宁省经济状况，就是一种基于数据的对宏观经济形势的洞察力。

3. 大数据是一种思维方式。随着大数据技术的深入应用，大数据专家学者提出了大数据思维。概括而言，利用大数据分析问题时，可以不是随机样本，而是全体数据；重在分析趋势，因此不要求在细节上的精准性，更侧重反映复杂事物的混杂性；在分析结论上，不一味强调复杂的因果关系，而是重在揭示相关关系从而更加务实地解决问题。

4.大数据是一个泛化概念。大数据日益由一个专业技术术语成为一个广泛传播的技术概念。在社会传播中，社会大众并不强调大数据的技术特征和学术定义，大数据逐步被泛化理解为数据统计、舆情分析、可视化等一切与数据相关的工作甚至等同于信息化。从积极的一面看，大数据的泛化理解提升了社会大众对信息化工作的重视和认可程度；从消极的一面看，也出现大量"伪大数据"混淆视听，不利于大数据理性务实发展。

（四）大数据和小数据

在具体实践中，真正达到大数据级别的应用场景还较少，更多的情况是数据规模和来源都有限的小数据，二者有明显的区别。

1.大数据更关注预测，小数据更关注事实。大数据的数据来源广泛、内容多样、规模一般也较大，因此更适合用于对未来复杂趋势的预测分析，善于在看似风马牛不相及的海量数据中找到极具价值的潜在趋势，能够找到传统预测分析模型无法揭示的规律。小数据分析通常会采用统计学方法，基于较为固定的传统模型、较为明确的决策问题，重点对某一事物的发展态势进行数据化描述。

2.大数据更关注感知，小数据更为精准。大数据注重对事物的整体性分析感知，重点揭示的是大趋势、大规律。大数据本身往往包含了众多真假难辨的数据，大数据分析就是一个沙里淘金的过程，因此并不苛求在细节上做到精准无误。小数据注重对事物具体特性或规律的分析感知，相对而言是经过甄别的数据质量相对较高的数据集，对细节的准确性要求较高，通常更关注数据内容的真实性，因此小数据一般在具体细节上更精准。

3.大数据更注重相关关系，小数据更注重因果关系。大数据分析是从纯数据角度揭示事物之间的相关性，通常更注重是什么而不纠结于为什么，主要通过相关性来给出复杂问题的解决方案。小数据分析是基于预设的认知规律和分析模型，更注重揭示事物之间、现象背后的因果关系，主要回答为什么的问题。现实世界是复杂的，很多复杂事物背后的因果关系人类无法准确认识把握。在这种情况下，基于大数据分析复杂事物之间的相关关系，就成为我们认识复杂世界的次优选择，这也正是大数据分析的重要价值所在。

4.大数据更注重群体，小数据更注重个体。大数据分析需要汇聚多口径、多来源、多主体的各类数据，并据此形成针对某个群体行为的总体分析和认知。小数据则主要针对特定的个体对象收集针对性强的数据进行个性化分析。当前，困扰大数据应用的一个突出问题就是个人隐私保护的问题，主要是没有很好地区分界定大数据分析和小数据分析的边界和关系，将小数据去隐私化处理后，就能在不侵犯个人隐私的情况下开展大数据分析。

二、大数据的重要价值

（一）大数据是推动数字经济发展的关键生产要素

发展数字经济是实现经济高质量发展、构建现代化经济体系的必由之路。推进经济社会数字化转型实际上就是从工业经济时代向数字经济时代的转变。在这一转变过程中，数据发挥着至关重要的作用。党的十九届四中全会首次将数据作为生产要素参与收益分配，是一次重大理论创新，标志着数据从技术要素中独立出来成为单独的生产要素。数据在提高生产效率、实现智能生产、提升要素配置效率、激发新动能、培育新业态方面具有巨大应用潜力，成为推动数字经济发展的创新动力源。

（二）大数据是重塑国家竞争优势的重大发展机遇

世界各国都已充分认识到大数据对于国家的战略意义，并早早开始布局。国家间的竞争将从资本、土地、资源的争夺转变为技术、数据、创新的竞争。我国是数据资源大国，2010 年我国数据占全球比例为 10%，2013 年占比为 13%，2020 年占比将达 20%。大力发展大数据有利于将我国数据资源优势转化为国家竞争优势，实现数据规模、质量和应用水平同步提升，发掘和释放数据资源的潜在价值，有效提升国家竞争力。

（三）大数据是实现治理能力现代化的重要创新工具

大数据应用能够揭示传统技术方式难以展现的关联关系，推动政府数据开放共享，促进社会事业数据融合和资源整合，将极大提升政府整体数据分析能力，为有效处理复杂社会问题提供新的手段。建立"用数据说话、用数据决策、用数据管理、用数据创新"的管理机制，实现基于数据的科学决策，将推动政府管理理念和社会治理模式进步，加快建设与社会主义市场经济体制和中国特色社会主义事业发展相适应的法治政府、创新政府、廉洁政府和服务型政府，逐步实现政府治理能力现代化。

（四）大数据是建设数字中国的关键创新动力

加快数字中国建设是以信息化培育新动能、用新动能推动新发展的重要举措。数字中国涉及内容十分广泛，面临的主要障碍就是各行业领域普遍存在的信息孤岛和数据烟囱。无论是发展数字经济，还是建设数字政府、智慧城市、智慧社会，最为关键的一环就是实现数据资源的跨部门、跨地区、跨行业、跨系统、跨层级的有序汇聚和共享，数字城乡等数字化转型场景都需要发挥大数据的赋能、创新和带动作用。

三、大数据发展急需解决的问题

发展大数据，不纯粹是技术创新问题。自 2015 年《促进大数据发展行动纲要》等重要政策文件发布以来，我国大数据产业快速发展，取得了很好的成绩，但同时也必须看到，还有很多问题急需解决。

（一）数据要素的贡献率问题

数据作为一种新型生产要素，应该由市场化机制评价经济贡献率，并据此确定数据要素的报酬率。但是，由于数据要素是一种无形的资产，目前还难以形成可客观度量、公允定价的标准化的产品，经典生产函数也无法描述和解释数据要素提升生产力的推导机理，现有经济学理论还无法准确估算数据要素对经济活动的贡献率。通俗地讲，数据要素的确在经济社会活动中发挥着重要价值，但是这个作用到底有多大，目前主要还是靠经验来评估判定。如何合理确定数据要素的贡献率并据此确定其报酬率，成为建立数据要素市场的关键，亟待数字经济领域的基础理论创新来回答。

（二）数据要素的确权问题

数据确权是数据作为生产要素的重要前提，也是建立数据要素市场的核心问题。数据作为生产要素参与收益分配，必须首先明晰要素的所有权以及采集权、可携权、使用权、交易权、挖掘权、收益权等，然后才能确定所有权在经济利益上的实现形式。只有合理确定数据要素的相关权属，才可以保障数据要素相关各方的合法权益，为加速数据共享和流通扫清障碍，激活庞大的数据资产价值和创新应用，使数据产业得以迅速发展。但是，由于数据资源涉及的类型多样、主体多元、权属复杂，确权的难度、复杂度远远超过传统生产要素。数据确权，首先需要对数据资源进行科学合理的分类。一般而言数据可分为公共数据资源、企业数据资源、个人数据资源三类。其中公共数据资源主要掌握在政府手中，主要包括人类对自然和宇宙认知的数据、作为历史遗产和现代知识产权的数据、经济社会信息数据。公共数据的确权主要依靠行政化力量，在明晰权责关系基础上，率先推进公共数据开放，将有利于快速催生巨大的经济效益和社会价值。企业数据资源主要包括企业生产经营中掌握的数据、以数据中介形式采集或聚合的数据，企业数据资源的确权主要依靠市场化机制和数据资源市场的建立。个人数据资源主要包括行为数据、消费数据、地理位置数据、社交数据等，个人数据资源的确权问题最为复杂，解决个人数据资源确权，需要借助区块链等新技术的应用。

（三）数据交易和流通问题

大数据产业发展的核心在于数据自由流通，而数据交易就是实现数据有序流通的关键一环。近年来，在国家政策的推动鼓励下，数据交易从概念逐步落地，部分省市和相关企业在数据定价、交易标准等方面进行了有益的探索。随着数据交易类型的日益丰富、交易环境的不断优化、交易规模的持续扩大，我国数据变现能力显著提高。但是，从整体发展水平来看，我国大数据交易仍处于起步阶段，数据交易目前主要依据地方性法规，还缺乏全国统一法律法规体系作保障，无法有效破解数据定价、数据确权等难题。数据交易主要以单纯的原始数据"粗加工"交易为主，数据预处理、数据模型、数据金融衍生品等内容的交易尚未大规模展开。数据供需不对称使得数据交易难以满足社会有效需求，数据资源的真实成交率和成交额不高。

（四）数据安全和隐私保护问题

数据的海量汇聚、共享交换和交易流通使得国家安全、个人隐私保护问题面临更加严峻的考验。大数据采集及分析挖掘技术的高速发展，对国家信息安全造成全面的挑战，数据安全已成为国家安全的重要组成部分。对个人而言，大数据时代几乎没有隐私可言，这些隐私信息日益同个人切身利益甚至生命财产权密切相关。数据安全和隐私保护变得日益重要。目前，世界各国都颁发了关于数据隐私保护的相关法规和条例，如欧盟的《通用数据保护条例》（GDPR）、美国的《加州消费者隐私法》（CCPA）等。以欧盟 GPDR 条例为例，对于违法条例的企业，其处罚是非常严厉的，起步罚金就是1000 万欧元或企业上一财年全球营业总额的 2%，并以较高者为准。此外，按照 GDPR 的规定，出现个人数据泄露后，企业要在 72 小时内向监管部门报告，企业还要配备熟悉 GDPR 条款的数据保护专员和监管部门保持沟通。为了更好地推动我国的数据隐私保护，我国也应尽快出台相关法律，让数据的采集获取、汇聚利用有法可依。

四、如何推动我国大数据产业发展

（一）推动大数据核心技术自主创新

大数据核心技术是保障大数据产业健康可持续发展的重要基石。大数据技术的体系庞大，包含数据采集、数据预处理、分布式存储、非关系型数据库、并行计算、流式计算、核心算法、机器学习、可视化等。目前，我国大数据产业的优势还主要集中在应用层面和资源层面，大数据技术自主创新能力还不强，发展大数据的技术基础还不牢固。要充分发挥我国作为数据资源大国的市场优势，面向国家重大需求，面向国民经济发展主战场，面向大数据技术前沿，强化国家大数据科技创新等相关重大专项建设，集中优势资源突破大数据核心技术，整合产学研多方优势资源协同开展大数据基础架构、采集存储、处理分析、安全保障等关键核心技术攻关，着力扶持大数据核心技术领军企业，加快大数据前沿技术成果转化，培养大数据技术高端人才，逐步形成自主可控的大数据技术链、产业链和价值链。

（二）构建以数据为关键要素的数字经济

发展数字经济是建设现代化经济体系、推动经济高质量发展的重要途径，也是大数据最重要的创新领域。推进数字产业化和产业数字化，就是要充分发挥数据资源的创新价值，把数据作为"催化剂"和"加速器"推动实体经济和数字经济融合发展，发挥好大数据、"互联网＋"、人工智能等新技术的赋能作用促进传统制造业和服务业转型升级。在工作抓手上，要加强对2016年启动的国家大数据综合试验区建设经验总结，加快推进2019年启动的国家数字经济创新试验区的试点建设工作，在数据确权、隐私保护、高效共享方面取得制度性突破，形成一批可操作、可复制、可推广的经验方法，释放数据红利加快数字经济创新发展。

（三）运用大数据提升国家治理现代化水平

大数据在支撑国家治理体系和治理能力现代化方面也能发挥十分关键的作用。要建立健全大数据辅助科学决策和社会治理的机制，推进政府管理和社会治理模式创新，实现政府决策科学化、社会治理精准化、公共服务高效化。要以推行电子政务、建设智慧城市等为抓手，以数据集中和共享为途径，推动技术融合、业务融合、数据融合，打通信息壁垒，形成覆盖全国、统筹利用、统一接入的数据共享大平台，构建全国信息资源共享体系，实现跨层级、跨地域、跨系统、跨部门、跨业务的协同管理和服务。要充分利用大数据平台，综合分析风险因素，提高对风险因素的感知、预测、防范能力。要加强政企合作、多方参与，加快公共服务领域数据集中和共享，推进同企业积累的社会数据进行平台对接，形成社会治理强大合力。

（四）运用大数据促进保障和改善民生

大数据在保障和改善民生方面也大有作为。要坚持以人民为中心的发展思想，推进"互联网＋政务服务"

和"互联网＋社会服务"等信息惠民工程，让百姓少跑腿、数据多跑路，不断提升公共服务均等化、普惠化、便捷化水平。要坚持问题导向，抓住民生领域的突出矛盾和问题，强化民生服务，弥补民生短板，推进教育、就业、社保、医药卫生、住房、交通等领域大数据普及应用，深度开发各类便民应用。要加强精准扶贫、生态环境领域的大数据运用，为打赢脱贫攻坚战助力，为加快改善生态环境助力。

（五）切实保障国家数据安全

要加强关键信息基础设施安全保护，强化国家关键数据资源保护能力，增强数据安全预警和溯源能力。要加强政策、监管、法律的统筹协调，加快法规制度建设。要制定数据资源确权、开放、流通、交易相关制度，完善数据产权保护制度。要加大对技术专利、数字版权、数字内容产品及个人隐私等的保护力度，维护广大人民群众利益、社会稳定、国家安全。要加强国际数据治理政策储备和治理规则研究，提出中国方案。

五、大数据未来发展趋势

1. 数据要素市场将逐步建立。十九届四中全会把数据作为生产要素的重大理论创新将加快推动数据确权机制及相关法律法规的落地；以此为基础，我国将有望在全球范围内率先建立公平合理的数据要素市场，数据的交易和流通将会呈现井喷式的增长，迎来快速发展期。数据要素将实现价格由市场决定、报酬按贡献决定的新局面。

2. 大数据理论和技术进一步突破。大数据与云计算、人工智能、物联网等新技术有着密不可分的天然联系，围绕数据分析利用的多技术融合创新将进一步深化。井喷式现实需求将驱动大数据理论和技术快速发展，产业创新资本的投入力度更大，大数据领域的存储技术、分析算法和基础理论将取得新一轮的突破。

3. 政府数据共享开放将释放更多数据红利。我国政府将率先垂范，持续深入推进政务信息系统整合共享、"互联网＋政务服务"及数字政府创新发展，部门和地方之间的数据藩篱将被逐渐打破，政府数据共享及公共数据开放取得实质性进展，释放数据红利推动数字经济创新发展。

4.数据安全治理将成为网络安全新课题。数据要素的重要性将进一步凸显数据安全治理的迫切性。传统的通过技术安全防护免受外部入侵攻击的数据安全防护理念将被以数据要素安全应用、有序流通为主要目的数据安全治理理念取代，数据安全治理将更加突出以数据分级分类为基础，加强全生命周期、全相关主体的有效管控。

第四章

云计算：数字经济新生产工具

云计算诞生于 2006 年，经过 10 多年的发展，已经成为信息化领域的主流计算存储模式，在大多数应用场景下，业务上云已经成为各行业领域的必然选择。无论是数字经济、数字政府、智慧城市和智慧社会的建设，还是各行业领域的信息化建设，都离不开云计算平台的支撑。云计算还是支撑大数据、人工智能、工业互联网等技术创新的底层通用平台。可以说，云计算已经成为发展数字经济必不可少的新型通用生产工具。

一、什么是云计算

（一）云计算的基本定义

顾名思义，云计算是一种"计算"模式。这种模式按使用量付费，用户无须自己购买设备，而是基于网络从云计算服务提供者那里获取和使用专业化的计算存储服务（如网络、服务器、存储、应用软件等），这些服务资源能够被快速按需提供，用户能够像获取自来水一样获取所需要的"算力"。做一个简单的类比：人类早期饮水都是各自打井并在家里配备水缸，把水存储在家里自用，这种模式既不便捷也不经济，水质还不高。现代社会下，人类统一建设了水库和自来水厂，并通过管道把水送到千家万户，我们需要水的时候打开水龙头就能按需获取，每家通过水表计费。通俗理解，云计算就是有一个云厂商已经建立好了清洁的水库（云资源池），也铺好了自来水管道（互联网）和水表（服务计费系统），我们直接打开水龙头（申请服务）就能够按需获得清洁的水源。这种模式提升了计算存储服务的专业化水平，提高了计算存储资源的利用率，也降低了计算存储的建设成本，是一种符合社会分工规则和规模效应的共赢模式。

（二）云计算的服务类型

云计算有三种基本的服务类型，分别是基础设施即服务、平台即服务、软件即服务。这三种服务到底有什么区别？举个形象的房屋装修的例子，可做如下通俗理解。

基础设施即服务（IaaS）。即给客户提供基本的计算、存储、网络服务。通俗理解就是提供的是毛坯房，用户还需自己进行硬装（构建平台）和软装（开发系统）来满足自身需求。

平台即服务（PaaS）。即给客户提供业务开发、运行和部署的平台。通俗理解就是简装房，用户还需自己进行软装（开发业务系统）来满足自身需求。

软件即服务（SaaS）。即给客户提供最终的应用和业务系统。通俗理解就是精装房服务，用户只需拎包入住。

	服务内容	形象类比
软件即服务（SaaS）	提供最终的应用和业务系统	精装房：用户只需拎包入住
平台即服务（PaaS）	提供业务开发、运行和部署的平台	简装房：用户还需自己进行软装（开发业务系统）来满足自身需求
基础设施即服务（IaaS）	提供基本的数据中心、网络等基础服务	毛坯房：用户还需自己进行硬装（构建平台）和软装（开发系统）来满足自身需求

图 4-1　云计算服务类型

（三）云计算的部署模式

1.公有云。所谓公有云是指云计算服务提供商将云服务资源部署于互联网，并完全开放地面向社会各类用户提供按需计费在线服务的部署模式。公有云用户通过互联网使用云服务，根据使用服务的量来付费。公有云的优势是成本低、扩展性好，非常适合中小企业和个人消费者。

2.私有云。所谓私有云是指云计算存储资源部署于一个机构内部，只为机构内部业务提供服务的部署模式。私有云系统存在于企业防火墙之内，安全性更好但成本也更高。因私有云的规模经济效益受到了限制，资源利用率要远低于公有云。通常情况下，私有云比较适合于信息化需求较大、业务系统安全可控性要求较高的大型企业或政府部门。

3.混合云。所谓混合云模式是指云平台由私有云和公有云混合组成的部署模式。部署混合云的机构可以将次要的应用和数据部署到公有云上，充分利用公有云在扩展性和成本上的优势；同时将关键业务系统和敏感数据部署于安全性更高的私有云。混合云可以平衡公有云和私有云各自的优势和不足，可以同时兼顾成本、安全性和可扩展性实现云和熊掌兼得，已经得到越来越多用户的青睐。

（四）云计算的核心技术

云计算已步入大规模集中化建设的阶段，技术也逐渐成熟，云计算涉及的核心技术主要包括虚拟化技术、超大规模云计算资源调度算法、异构硬件集成管理技术、虚拟机弹性伸缩技术、容器调度编排技术、多云管理技术等。

二、云计算的重要价值

（一）云计算的效能价值

云计算最基本的价值是提供了集约、高效、绿色、便捷的计算服务资源。通过虚拟化等技术，云计算提高了计算存储资源的利用率，实现了资源的按需分配，降低了能源消耗；通过对所有的物理设备进行统一的管理，降低了技术管理工作强度，提高了便捷化水平；按需分配的模式也降低了用户的使用成本。

（二）云计算的普惠价值

云计算促进了计算存储资源的普及化。过去，只有少数实力雄厚的企业才能掌握和拥有丰富的计算存储资源。云计算按需分配、随时随地可获取的服务模式大幅降低了中小企业甚至个人使用计算存储资源的成本，打破了大企业对计算存储资源的垄断，使得中小企业、初创公司和个人依托云计算进行业务创新成为可能。

（三）云计算的创新价值

云计算将人类计算存储能力提升到了一个新的高度，是众多新技术创新的基石。云计算更加强大的计算存储能力促进了大数据、人工智能等技术的突破发展，带动了硬件、软件、服务等各细分产业的创新发展。没有云计算的发展，海量的数据将无法存储、无法分析利用，大数据将无从谈起；人工智能也将因为算力和数据的不足而止步不前。

（四）云计算的工具价值

经过十多年的发展，云计算日渐成熟，成为构建未来智能社会的核心基础设施，成为发展数字经济、建设数字政府、智慧城市等各领域数字化转型、智能化升级所必不可少的基础平台。没有云计算就无法建立大型业务系统，无法处理海量数据，无法发展人工智能、大数据、工业互联网等技术，可以说云计算已经成为各行业领域信息化的通用主流选择，是发展数字经济的通用生产工具。

三、我国云计算产业发展概况

（一）我国云计算产业规模

近年来，在国家产业政策的鼓励引导下，云计算在我国得到迅猛发展，产业规模迅速扩大，全国范围内大多数省份都启动了区域性的云计算项目，银行、保险、制造等众多传统行业纷纷将云计算作为未来战略转型升级的重要创新平台；各级政务部门、大型央企也加大各自私有云的建设，并逐步将一些非敏感业务系统迁移到公有云上，云计算的用户由互联网企业向传统产业领域全面渗透，使我国云计算产业增速远高于全球市场平均水平。综合中国信息通信研究院、IDC 等研究机构发布的数据显示，2019 年中国云计算产业规模达到 1290 亿元左右。

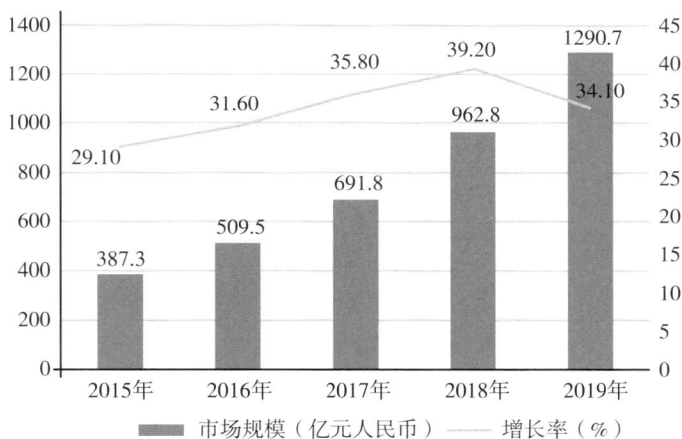

图 4-2 我国云计算市场规模

资料来源：综合中国信息通信研究院、IDC 等研究机构数据整理分析。

（二）我国云计算应用概况

目前，我国云计算应用已经达到了相当的规模，云计算服务市场也逐渐成熟完善。我国云计算应用总体发展情况如何？可从服务提供者、应用领域、服务内容、部署模式等几个方面进行统揽性的了解。

1. 从服务提供主体看，我国云计算服务提供商主要包括应用驱动型互联网龙头企业（如阿里、腾讯）、技术驱动型专业技术厂商（如华为、浪潮）和资源驱动型电信运营商（如电信、联通、移动）等三类，这三类企业构成了我国与计算服务提供商的主体，占有了绝大多数的云计算市场份额。

表 4-1　云服务提供商类型

类型	特点	典型代表
技术驱动型	一般由技术产品厂商发展而成，专注于云计算核心技术研发与创新，具有技术创新优势，保持"数据中立"	华为、浪潮等技术企业
应用驱动型	一般基于自身的大规模业务应用而衍生出新型云服务，具有明显的应用实践优势和产业生态优势，技术上以开源自研为主	阿里、腾讯等互联网企业
资源驱动型	以网络、电力等优势发展相关服务，具有资源整合及价格优势，技术上采用成熟集成方案	电信、移动、联通等运营商

2. 从行业应用看，我国云计算应用发展较为迅猛的包括电信云、金融云、智慧城市云、政务云、电商云、

工业云以及面向个人的公有云服务等，这些领域信息化建设发展较快，云计算需求旺盛，成为我国云服务市场的主要应用领域。

3. 从云服务类型上看，基础设施即服务（IaaS）占主导位置，成为中小企业、互联网创新企业开展信息化建设的首选，总体规模占据了超过 50% 的市场份额。由于我国软件即服务（SaaS）的标准化程度、服务规范性、易用性等方面存在不足，市场占比仍然偏低。

4. 从云服务部署方式看，由于对信息安全的担忧和业务性质的需要，私有云是我国云计算应用的主要部署方式，总体占比 60% 以上。根据计世资讯的预测，未来 5 年中国私有云市场将保持快速增长的势头，2023 年市场规模有望达到 1100 亿元。我国公有云市场发展相对滞后，总体占比远低于全球 88% 的平均水平。不过，随着云计算服务的不断规范和安全防护措施的强化，公有云的增速将超过私有云。另一方面，由于单纯的公有云或私有云已很难满足现有业务的需求，越来越多的机构开始选择混合云部署模式。

（三）云计算产业国际比较

我国云计算产业取得了长足发展，但是和发达国家相比还有较大差距。例如，2018年中国云计算市场规模仅相当于美国云计算市场的8%左右，这与同期中国GDP约占美国GDP66%的现状差别显著。此外，在企业上云率方面，也有较大差距。根据麦肯锡等研究机构的数据显示，2018年美国企业上云率已经达到85%以上，欧盟企业上云率也在70%左右，而据中国电子学

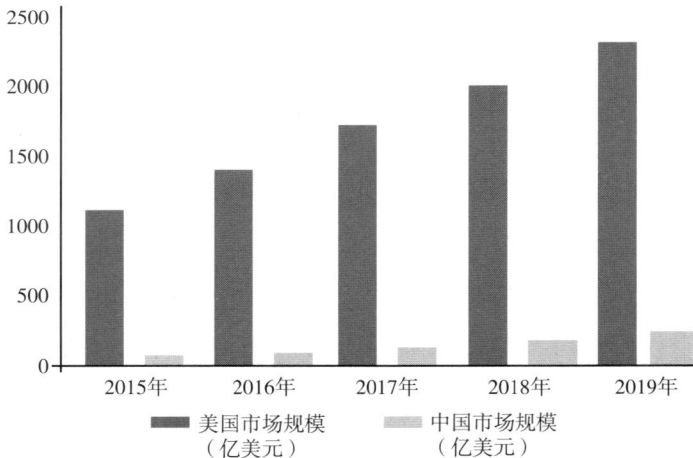

图4-3　中美云计算市场规模对比

数据来源：综合互联网公开数据整理。

会等组织和机构的不完全统计，2018年中国各行业企业上云率只有40%左右。

总的来说，我国云计算市场规模增长迅速，但是体量仍与我国的经济总量并不相称。2017年，我国云计算市场的全球份额占比仅为约9%，而美国云计算四巨头亚马逊、微软、谷歌以及IBM的云计算营收达到全球市场份额的约40%，其中，仅亚马逊一家就占据全球云计算市场份额的31.5%。由此可见，为了构建数字经济的发展基础和竞争优势，我国云计算产业仍然需要大力发展。

四、如何推动我国云计算产业发展

（一）持续强化云计算政策扶持引导

云计算是信息文明时代下构建国家竞争优势的重要基石，是发展数字经济的新型关键基础设施。我国的云计算产业已经取得了长足的发展，但是还存在核心技术自主创新不足、产业国际竞争力不强、传统企业上云率不高等突出问题，尤其是中小企业在业务上云上面临着认识理念、人才队伍等现实制约，这些问题显然无法仅仅通过市场化机制来解决。因此，还需继续发挥政府的扶持引导作用，从国家层面强化云计算产业发展战略引导，制定明确的发展目标和实现目标的规划与策略，大力强化云计算核心技术自主创新研发，加大财政预算购买云服务的投入力度，强化金融财税政策向产业发展倾斜，引导传统企业业务转型上云，推动我国云计算产业快速发展。

（二）打造良好的云计算产业发展环境

随着信息系统和数据资源对组织机构的重要性越来越高，社会各界对于云计算的安全和服务质量问题也越来越关注。企业将核心业务系统迁移到云上，一旦出现安全和服务质量问题，将会给企业带来难以估量的影响和损失。事实上，这也是当前阻碍云计算产业应用的全球性共性问题。对于我国云计算产业而言，安全与服务质量的问题也十分突出。因此，为保障我国云计算产业健康可持续发展，必须注重产业生态环境的构建和净化，引导龙头企业、产业联盟、科研院所构建云计算开放协同的生态体系，协同制定云计算产业基础架构体系、标准规范体系和技术服务体系，不断提升专业、安全、高效、规范的云计算服务能力，打消安全和服务质量的顾虑，使各类用户能够真正感受到云计算带来的好处和价值。

（三）强化云计算平台的安全措施

云计算日益成为经济社会各领域信息系统和数据资源最重要的承载平台，云计算平台安全性也日益重要。解决云计算的安全问题，除了法律的制定和完善外，还必须引导云计算专业技术厂商不断强化安全技术保障。要不断优化针对云计算安全的分级保密制度及操作细则，完善云计算服务可用性、数据安全性和完整性、隐私保护、物理安全、恶意攻击防范等方面的服务规范和行业安全标准。另一方面要充分利用人工智能、大数据等最新的技术，持续进行软、硬件安全工具的创新、开发和应用。

（四）坚持云平台自主可控创新发展

云计算是数字经济时代最重要的关键基础设施，是我国网络强国和数字中国建设的"数字底座"。正因其如此重要，我们必须要掌握云计算核心技术，避免将自己的"信息化大厦"建立在别人的地基之上受制于人。目前，我国在云计算基础软件、高端存储设备、云基础架构、虚拟化软件、云操作系统等方面还存在明显的短板，云计算标准建设和国际标准话语权表现较弱。我们要围绕云技术关键的核心技术，推进产学研用协同攻关，充分发挥龙头企业和领先的科研院所的带头作用，鼓励云计算龙头企业开放平台资源，带动云计算产业链上下游充分发挥我国的市场优势和应用优势，加强云计算核心技术自主创新，打造具备自主可控核心技术的云计算产业技术生态体系。

五、云计算未来发展趋势

1.云计算日益成为数字化转型的通用生产工具。云计算在经济社会各领域数字化转型过程中的作用日益重要，成为支撑数字政府、智慧城市、智慧社会建设的新型关键基础设施和通用创新工具。一个行业的云化程度成为该行业数组化转型程度的重要标志，各行业各领域业务上云将明显提速，用云量成为衡量数字经济发展程度的重要经济指标。

2. 云计算加速推进各类新技术融合创新。云计算是大数据、人工智能、工业互联网等新技术创新的重要基础，作为各类新技术的重要"交集"，5G 技术的发展也将进一步拓展云计算的应用范围和场景，算力的提升将促进各类新技术的飞跃发展，加速推进新技术的集成融合创新，释放出远大于单一技术的巨大创新动能，形成显著的技术溢出效应。

3. 混合云的部署方式占比将不断提高。云计算技术主要用户机构一般信息化体量大，存在不同类型的多个系统，业务应用场景复杂多样，单纯用私有云或公有云都很难满足需求，需要多个云环境并存来适应业务数字化转型需要。混合云兼顾私有云和公有云的技术优势，能更好满足企业和政府用户上云的业务需求，越来越多的机构会考虑同时采购多个云厂商的服务并将它们结合起来使用。

4. 传统企业和政府加快业务上云的进程。在云计算发展的早期，互联网巨头公司是云计算主要的提供者，创新型互联网小企业主要基于成本原因和快速服务交付需求，成为云计算服务的主要用户。未来，传统企业和政务部门将成为业务上云的主体，基于专业性、便捷性和成本原因，传统企业或者政府的传统 IT 架构向云计算迁移将成为主流趋势，将出现一批垂直行业产业云，成为赋能传统行业数字化转型的创新引擎。

5. 自主可控成为云计算服务的基本要求。云计算平台的安全性日益重要，直接关系着国民经济和社会发展各领域的安全。云计算技术是否安全可靠将成为各类用户选择云计算服务的重要决策因素之一。尤其是政府部门及重点行业领域，自主可控将成为业务上云的基本要求。未来 3 至 5 年，我国云计算产业核心技术受制于人的情况将得到显著改观，一批自主可控的国产化云平台将迅猛发展。

第五章

人工智能：数字经济新生产力

人工智能诞生于 20 世纪 50 年代，曾长期处于研究阶段缺乏实质性的应用落地。近年来，云计算、大数据等相关技术的发展促进人工智能取得了突破性进展。2016 年以来，阿尔法狗（Alpha Go）先后战胜了人类顶尖棋手李世石和柯洁，攻陷了围棋这一"人类智慧的最后一个堡垒"，标志着人工智能进入一个新的快速发展阶段。人工智能已经在高强度、高危险、高精度、高计算量的领域全面超越了人类体力劳动和脑力劳动的极限，完成各种"不可能完成的任务"，正在形成远超出人类能力范围的新生产力。

一、什么是人工智能

（一）人工智能的基本概念

人工智能是研究和开发用于模拟、延伸和扩展人的智能的理论、方法、技术及应用系统的技术科学，旨在形成具备学习、思考、判断、推理、证明和自我纠错等能力的系统。1956 年约翰·麦卡锡首次提出人工智能的概念，并将人工智能定义为"制造智能机器的科学与工程"。通俗理解，人工智能就是让机器拥有智能，像人类一样思考并完成各种人力所不能及的复杂任务。人工智能涉及的领域十分广泛，涵盖计算机视觉、自然语言处理、机器人学、机器学习、统计学、脑神经学等多个学科和技术领域。人工智能既可以捕捉海量的信息和知识，又可以以极高速度进行思维和运算，是海量知识和高速思维的结合体。

（二）人工智能的基本特征

人工智能和一般的信息系统有什么本质的区别呢？一项产品或应用是否是人工智能，主要看它具备不具备人工智能的三个基本能力。一是感知能力。人工智能具有感知环境的能力，比如对自然语言的识别和理解，对视觉图像的感知等，如智能音箱、人脸识别等。二是思考能力。人工智能能够自我推理和决策，各类专家系统就具备典型的思考能力，如阿尔法狗。三是行为能力。

具备自动规划和执行下一步工作的能力。例如，目前已经较为多见的扫地机器人、送餐机器人、无人机等。

表 5-1 普通程序和人工智能的差别

	一般信息系统	人工智能
感知能力	一般信息系统只能记录图片、音视频等输入信息，并按照程序的预测进行有限的处理，并不理解输入信息的内容	人工智能可以"理解"图片、视频等外界输入的内容、含义及其逻辑关系
思考能力	一般信息系统是很多设定好的规则的组合，在任何情况下都只能按照这些规则执行操作	人工智能可以主动优化自己的规则，也就是大家常说的学习和推理，并能产生超出人类思考能力的结果
行为能力	一般信息系统是没有目标感，只会根据规则自动运行	人工智能可以有"目标感"的，可在无人干预的情况下通过反馈不断优化行为来实现目标

（三）人工智能的发展阶段

人工智能的发展也是由易到难逐渐发展的，根据智能水平，可分为弱人工智能、强人工智能、超人工智能等三个发展阶段。

1. 弱人工智能阶段。弱人工智能（Weak AI），也被称为狭隘人工智能（Narrow AI）或应用人工智能（Applied AI）。这类人工智能只能解决某个特定领域的问题，更多的是充当一种工具来使用。如智能音箱、导引机器人就是典型的弱人工智能，它只能执行有限的预设功能。目前，人工智能总体还处于弱人工智能阶段，即使是战胜人类顶尖围棋大师的阿尔法狗，也仅是在围棋这个单一领域超过了人类，仍然属于弱人工智能范围，距离能够处理各种复杂问题人类的智力还有很大的差距。

2. 强人工智能阶段。强人工智能（Strong AI），又被称为通用人工智能（Artificial General Intelligence）或全人工智能（Full AI），指的是可以像人一样胜任任何智力性任务的智能机器，需同时具备思考能力、计划能力和学习能力，并能够利用自身能力达成目的。目前来看，强人工智能领域仍然没有实质性进展，还不具备成熟的理论工程基础，仍然处于探索阶段。

3. 超人工智能阶段。理论上，人工智能一直不断发展下去，一定可以全面超越人类，比世界上最聪明、最有天赋的人类还聪明，由此产生的人工智能系统就可以被称为超人工智能。牛津大学人类未来研究院院长尼克·波斯特洛姆（Nick Bostrom）把超级智能定义为"在几乎所有领域都大大超过人类认知表现的任何智力"。

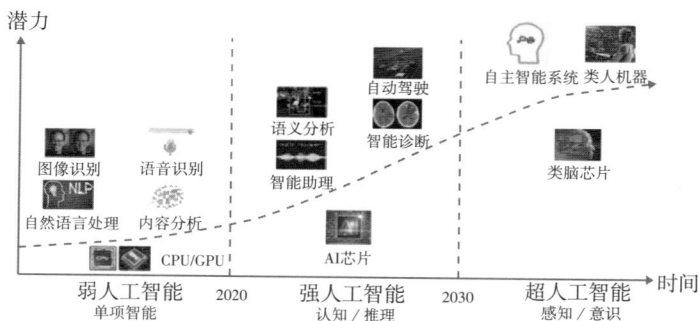

图 5-1　人工智能发展阶段

　　显然，超人工智能的实现路径将比强人工智能更漫长。

　　当前，社会上对人工智能出现了两个极端的看法。一种声音是对人工过度乐观，认为人工智能将很快全面超越人类。一种声音是过度担忧，认为人工智能将挑战和威胁人类的统治。其实从发展阶段看，人工智能在相当长的时间里将处于弱人工智能阶段，对机器奴役人的想法显然是杞人忧天。当然，即使是弱人工智能，其应用前景也是十分广阔的。

二、人工智能的重要价值

　　人工智能是新一轮科技革命和产业变革的重要驱动

力量，加快发展新一代人工智能是事关我国能否抓住新一轮科技革命和产业变革机遇的战略问题，对于科技进步、经济发展、民生福祉乃至国际政治竞争格局具有重大而深刻的影响，是当前全球热议的第四次工业革命的关键核心技术之一。

（一）人工智能将形成新的生产力

人工智能突破了人类体力和脑力劳动的极限，也正在拓展人类所拥有的各类机器设备的技术性能和智能化水平，对现有生产力形成全方位的提升和突破。目前，人工智能对劳动、就业和社会生产方式的巨大影响已经逐渐显现，必将孕育出远超出人类过往的新生产力，促进各产业的发展壮大。人工智能与实体经济的融合发展，特别是与制造业的深度融合发展，可以推动传统产业转型升级，还可以形成新产业新业态。根据世界经济论坛发布的《工作的未来》报告指出：到 2025 年，预计人类完成的工时比例将从现在的 70% 左右下降到 48% 左右，52% 的工时将由机器人完成。未来，随着技术的进一步发展，人工智能在各个行业中的应用场景将越来越多，人工智能的价值也将得到更大的体现。不大力发展人工智能，必将失去经济的未来。

（二）人工智能具有巨大的创新溢出效应

人工智能应用场景十分广阔，对众多行业领域均有巨大的创新带动作用。加拿大经济学家理查德·利普西（Richard G. Lipsey）在其著作《经济转型：通用技术和长期经济增长》一书中提出，社会经济的持续发展是靠通用目的技术（GPT）的不断出现而持续推动的。所谓通用目的技术，简单理解就是要有多种用途，应用到经济社会的各个领域，对经济增长和技术创新具有巨大的技术互补性和溢出效应。经济学家们认为，人类发展到今天总共有 26 种通用技术，人工智能就是其中一种。人工智能如同公元前的轮子和铁，19 世纪的铁路和电力，以及 20 世纪的汽车、电脑、互联网一样是一种新的通用创新技术，可以带动各领域的技术创新、生产变革和经济增长。发展人工智能，以创新的理念和技术解决现在和未来的问题，是我们能否在未来构筑领先竞争力的关键。

（三）人工智能将引领第四次工业革命

人类社会正在经历由人工智能引领的第四次工业革命。回顾人类历次工业革命，第一次工业革命，以蒸汽机的诞生为标志，世界由此进入蒸汽机时代，机器开始取代重复的体力劳动，大规模工厂化生产开始出现。第二次工业革命，以电力的广泛应用和内燃机的发明为主要标志，世界由此进入电气时代。第三次工业革命，以原子能、电子计算机、空间技术和生物工程的发明和应用为主要标志。其中，计算机将人从繁重的脑力劳动中解放出来。如今，以泛在链接、数据赋能、集成创新、智能驱动为特征的第四次工业革命已经开启，人工智能是最核心的创新驱动技术之一。人工智能引领的第四次工业革命不仅仅改变生产方式，还给产业结构、社会分工、城市形态、生活方式等带来颠覆式的变革。人工智能与物联网、大数据、区块链等技术加速集成融合，驱动社会生产方式变革，加快人类经济社会生活数字化、网络化、智能化转型。它将推动工厂之间、工厂与消费者之间的"智能连接"，使生产方式从大规模制造向大规模定制转变，工业增值领域从制造环节向服务环节拓展，程序化劳动被智能化设备所替代。普华永道预测，到 21 世纪 30 年代，人工智能将使 30% 的工作岗位高度自动化。

三、人工智能发展面临的主要障碍

（一）涉及数据的关键问题急需破解

1. 数据共享。数据是人工智能技术应用和落地的基础，因此，实现数据共享是人工智能发展的加速剂。当前，随着互联网、物联网等技术的应用普及，各行业领域的数据量呈现爆发式增长，为人工智能发展奠定了良好的数据基础。但由于信息孤岛的普遍存在、数据权属难以界定，这些数据资源仍处于谁采集谁拥有的状态，数据共享难成为制约人工智能技术发展的关键问题。

2. 数据安全。数据安全是人工智能发展的重要前提条件，人工智能涉及大量的信息自动化搜集、处理乃至控制，脱离数据安全发展人工智能，将产生难以预测和把控的危险。如何构建安全可靠的数据环境，是发展人工智能技术的根本保障。

3. 数据质量。数据质量是数据分析结果可靠性的基础。数据分析是人工智能技术的核心，人工智能需要不断获取新的数据、进行持续且深度的学习，数据质量决定了深度学习的效果。因此，如何取得高质量的数据信息，也是人工智能发展面临的挑战。

（二）构建互联互通的智能基础设施至关重要

人工智能会对社会生产生活方式产生深远的影响，生产、交通、物流、商贸等领域的很多传统基础设施已经难以满足人工智能发展的需要，构建智能化新型基础设施成为发展人工智能的重要前提。例如，发展无人驾驶技术需要车联网、市政智能化交通基础设施的配套。因此，发展人工智能，一方面需要对现有基础设施进行数字化智能化改造，拓展基础设施的信息化水平，提升基础设施的服务能力；另一方面需要建设符合人工智能技术发展的智能设施，需要电子、传感器、网络、平台等各方面全领域的产业布局，共同推进智能化改造的进程。另外，智能化的基础设施需要运维手段的全方位提升。智能基础设施的维护，涉及多方面的智能技术，尤其是一些人力所不及的维护工作，急需改变模式，发展新一代的维护工具，确保智能设备的正常运行。

（三）人工智能引发的伦理道德问题亟待解决

随着人工智能的快速发展和落地应用，人工智能技术的安全性已经成为各国共同面临的问题。人工智能技术的快速迭代及创新应用，对人类社会伦理提出了挑战。比如，无人驾驶汽车出现交通事故应该由谁来负责？现在很多公共场所都在搜集人脸数据，如何保护个人隐私？人工智能技术如果被大规模应用到军事领域是否符合人类社会的基本价值观？目前，人工智能主要由技术工程师主导，在思考和应对人工智能伦理道德问题方面存在欠缺，急需跨学科的专家学者从哲学、伦理学、法学、人文多个视角共同构建人工智能伦理道德基本准则和框架，在享受人工智能带来的技术红利的同时，坚守住道德、隐私、正义、安全、责任的底线。

四、如何发展人工智能

（一）加强人工智能基础理论研究

尽管人工智能已经有将近 70 年的历史，理论研究在近年来取得了显著进步，但是仍然缺少系统性创新突破，能够落地的基础理论研究仍然存在不足。由于缺乏理论的支撑，目前人工智能更像一个实验性的科学。而基础理论研究水平的高低，直接决定未来人工智能产业发展的高度。目前，我国在人工智能应用方面进展较大，但在基础理论研究方面仍然十分落后。目前我国所采用的主流算法、技术和理论，大都源自欧美。要想在人工智能领域取得领先地位，就必须加强人工智能领域前沿基础理论研究，努力在人工智能基础理论、发展方向、方法工具等方面取得变革性突破，确保我国在人工智能这个重要领域的理论研究走在前面，占领关键核心技术制高点。

（二）优化人工智能市场发展环境

我国拥有全球最大的人工智能应用市场，各行业领域人工智能应用前景十分广阔。必须充分发挥我国人工智能市场得天独厚的优势，坚持需求导向、市场竞争的创新发展路径，尽快建立健全相关法律法规体系和伦理道德准则，超前布局智能化新型基础设施建设，加快传统基础设施智能化改造，统筹利用大数据基础设施、强化数据安全与隐私保护，积极培育人工智能创新产品和服务，鼓励引导人工智能产业化应用，不断发展壮大人工智能市场，形成促进人工智能发展的"肥沃土壤"。

（三）促进人工智能产业融合创新

当前，我国的数字经济正进入快速发展期，各个产业都面临着数字化和智能化转型的迫切需求。发展人工智能必须坚持同传统产业、实体经济融合创新的路径，充分发挥人工智能在转型升级、产品开发、服务创新等方面的技术优势，促进人工智能在质量变革、效率变革、动力变革中发挥创新引领作用，提高全要素生产率，构建数据驱动、人机协同、跨界融合、共创分享的智能经济形态；在智能制造、交通物流、应急管理、医疗卫生、智能家居等领域发挥人工智能承担高强度、高精度、高危险、高水准工作的优势，形成智能化新生产力，形成推动经济高质量发展的新动能。

（四）拓展人工智能民生领域应用

民生既是新技术应用最大的需求市场，也是新技术应用的最终目标。发展人工智能，必须从保障和改善民生、为人民创造美好生活的根本目的出发，聚焦教育、医疗卫生、体育、住房、交通、助残养老、家政服务等领域的实际难点痛点问题，开展人工智能在民生领域的创新应用，以现实需求为导向创新智能服务体系，推动人工智能在人们日常工作、学习、生活中的深度运用，创造更加智能的工作方式和生活方式，让人工智能在造福民生、服务民生中保持旺盛的发展动力。

五、人工智能发展趋势

1.人工智能将形成智能化新生产力。人工智能在高危险、高重复、高精度、高负荷、高计算量等工作场景中加快替代人类工作，"抢走"劳动者饭碗的事件将不断上演，智能车间、无人工厂、无人超市等新模式不断增加，机器人逐渐走入千家万户，人类将更多聚焦在更有创造性、更增值的工作上。同时，人机协创将成为新创新范式，人工智能成为人类开展创造性工作的有力租售，这将大幅缩短人类创新的时间，降低创新的试错成本，提升人类的创新能力。

2.人工智能将成为新经济增长的最重要引擎。人工智能将推动大数据、云计算、物联网、5G等产业的发展，将与各个行业融合，助力人类突破空间、时间、表象局限，大幅提升传统行业的生产效率和生产力，同时也将催生出更多新的商业模式和业态，进而驱动新经济的快速增长。据普华永道预测，到2030年，人工智能将拉动全球生产总值增长14%，为世界经济贡献15.7万亿美元，相当于目前中国与印度两国人工智能领域生产总值之和。

3.边缘智能成为新的创新方向。"边缘智能"专指靠近智能终端以及数据源头的网络边缘侧，融合了网络、计算、存储、应用的开放计算平台。随着人工智能应用的不断扩展，定位于数据中心等云端的人工智能应用普遍存在着功耗高、实时性低、带宽不足、数据传输安全性较低等问题，人工智能将逐渐从云端向边缘侧的嵌入端迁移。边缘智能对算法的要求相对成熟，边缘智能的人工智能计算将成为重点产业创新重点领域。

4.伦理道德和法律问题有望取得突破。人工智能发展引发一系列伦理道德和法律问题。世界主要发达国家都将加快人工智能伦理的道德规则框架及相关法律法规的建立，确保人工智能在可控前提下快速发展而不被滥用。世界各国在人工伦理道德合作研究、技术标准制定、构建健康的法律环境等方面有望取得框架性共识成果。

第六章

5G：量变催生质变创新

2019 年，我国的 5G 技术取得突破性进展，在技术标准、核心专利、整机设备、终端芯片研发等方面都走在世界前列，作为我国为数不多的引领全球的信息技术之一，受到社会各界的高度关注。5G 是继 4G 之后速度更快、性能更好的新一代移动通信技术，它所带来的不仅仅是网速的提升，还会加快推进万物智能互联，引发众多领域的变革式创新，对众多行业乃至经济社会的发展产生深远影响。

一、什么是 5G

（一）移动通信发展各阶段

在 5G 出现之前，移动通信技术已经经历了 4 代：1G 仅支持模拟语音通信，移动通信终端实现了小型化；

2G 支持数字语音和短信，使固定电话逐步被手机所替代；3G 支持增加了移动互联网服务，使低时效的纸质媒体被边缘化，开启了智能手机时代；4G 支持增强的移动互联网和视频等大流量业务，手机开始逐步取代电脑的主导地位，大大方便了人们的工作和生活。

（二）5G 的基本定义

5G 是第五代移动通信技术的简称，是继 4G 之后的新一代蜂窝移动通信技术，具有高带宽、低时延、大连接、低能耗的显著特征。由于采用了更加精细化的调度方案和无线增强技术，5G 可以构建形成服务质量十分稳定的移动网络，使得移动互联网全面替代固定宽带成为可能，也为实时性和安全性要求高的工业级应用打下了基础。简言之，在前四代移动通信技术解决了人与

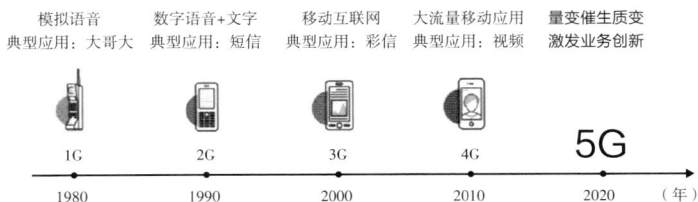

| 模拟语音 | 数字语音+文字 | 移动互联网 | 大流量移动应用 | **量变催生质变** |
| 典型应用：大哥大 | 典型应用：短信 | 典型应用：彩信 | 典型应用：视频 | **激发业务创新** |

| 1G | 2G | 3G | 4G | 5G |
| 1980 | 1990 | 2000 | 2010 | 2020 （年） |

图 6-1 移动通信技术演进发展示意图

人的通信需求之后，5G 重点解决的是人与人、人与物、物与物的移动通信需求。这也就是为什么说"4G 改变生活，5G 改变社会"，5G 时代将拥有更加丰富的应用场景，是一场量变催生质变的技术创新，将激发众多行业领域的业务创新。

（三）5G 的主要特性

1.高带宽。5G 的第一个显著特征就是快，其峰值速率可达 20Gbps，是 4G 的 20 倍以上。直观理解，利用 5G 技术仅需一秒钟就能下载完一部时长两个小时的高清电影。

2.低时延。5G 网络传输时延降到 10 毫秒以下，快

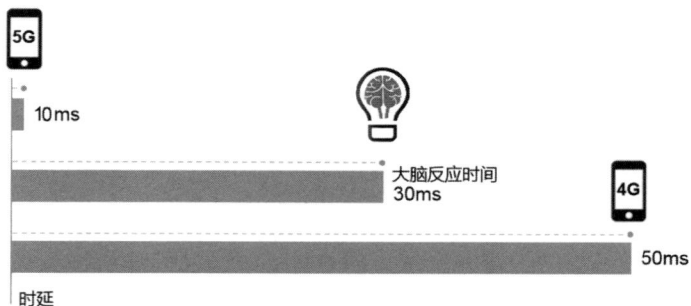

图 6-2　5G 低时延对比

于人脑的反应时间。低时延特性使一些高端工业制造及远程精密操作成为可能。比如，远程驾驶操作、远程医疗手术、远程工业控制等创新性应用。

3. 大连接。5G 并发数是现有网络技术的 100 倍，展现出了 5G 连接万物的维度和广度。5G 可以支持每平方公里接入 100 万个设备，是 4G 的 10 倍，连接万物能力逐渐渗透到我们日常生活的方方面面。

4. 低能耗。5G 设备 1 度电可支持超过 5000G 的数据交换，单位能耗是现有技术的 1/100，具有更高的能源效率。

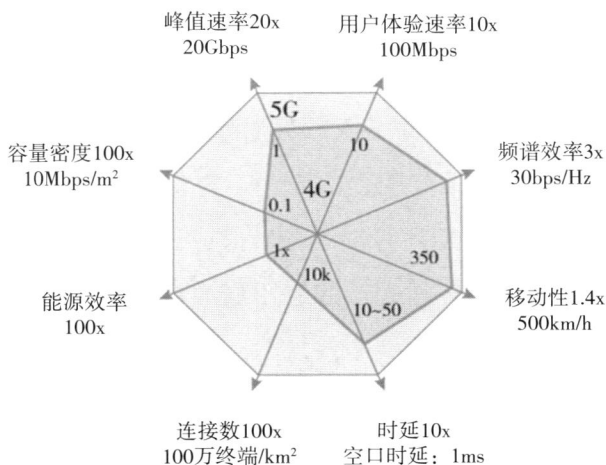

图 6-3 5G 的主要技术特性

二、5G 的重要价值

从消费者角度来讲，5G 技术使终端用户拥有了更加高质高速的移动通信能力，拓展了智能手机的性能，提升了用户极致体验。但是 5G 更重要的价值是为人与人、人与物、物与物、数与数之间提供智能化的连接能力，为各领域的业务创新插上了移动智能互联的翅膀。

1.5G 加快实现物理世界的全面数字化和智能化。5G 的出现使许多之前无法数字化、无法联网的设备实现了智能互联，并因此生成大量实时、鲜活的数据。高速低时延互联使大量的终端设备可以高速连接到云计算平台，实时调用集中于云端的数据分析处理能力，使得数据和算法在更大范围之内应用，智能化能力将通过 5G 大带宽通道分发到终端设备，形成云计算 + 分布式智能节点 +5G 低时延通道的应用局面，真正实现无所不及的万物智能互联。

2.5G 将加快推动工业互联网的创新发展。5G 技术能够全面覆盖生产制造各环节和领域，将工业互联网相关设备、数据和技术智能连接和集成，促进传统产业全流程数字化改造与转型，优化生产流程、改进生产工艺、加强供需对接、实现个性化需求定制和协同生产，在此基础上形成全新的工业生态体系，实现工业制造的数字化、网络化和智能化。

3.5G 极大提升了我国在移动通信领域的国际竞争力。我国通过多年努力已经在 5G 技术取得领先，通过 5G 催生的分布式智能等新型技术架构，会降低人工智能的使用门槛，各行各业的智能应用落地会大大提速。同时，广泛的行业实践会进一步推动人工智能基础理论和核心技术水平的提升，缩短与美国的差距，甚至实现反超，最终优化各行各业的生产模式以及社会和经济结构。5G 也有利于结合"一带一路"倡议促进中国智造走出去，为世界经济繁荣作出贡献。

4.5G 有利于为经济高质量发展提供创新动力。5G 是引领智能革命的重要抓手，也是破题高质量发展的关键，以 5G 为基础构建的万物感知、万物互联的新型基础设施体系世界将会以前所未有的速度和力度推动加速智能时代的到来，充分利用 5G 的领先优势，有利于在智能革命的进程中，抓住历史机遇，引领第四次工业革命，促进经济高质量发展。

三、如何利用好 5G

（一）5G 的典型应用场景

1.车联网／自动驾驶。车联网是移动通信技术在交通行业的典型应用，通信与智能汽车深度融合，通过整合人、车、路、周围环境等相关信息，为人们提供一体化服务。编队自动驾驶、自动碰撞避让、自动变道等功能要求端到端时延小于 3ms、可靠性大于 99.999%，5G 将有效提升对车联网信息的及时准确采集、处理、传输、利用，有助于车与车、车与人、车与路的信息互通和高效协同，降低驾驶安全风险。

2.智能制造／工业自动化。伴随我国加快实施制造强国战略，推进智能制造发展，工厂车间中将出现大量的协作机器人等自动化设备，实时运动控制等功能要求低时延，智慧物流、仓储等需要海量连接，智能生产线的辅助摄像头视频监控需要大带宽。5G 将广泛应用于工业领域满足这些需求，有效提升制造效率与管理水平。

3.虚拟现实／增强现实。高带宽、低时延是虚拟现实／增强现实客户体验的关键保障因素。当前因为终端重量大、体积大、成本高、网络带宽不足和传输时延大等问题，导致用户体验差、难以推广。同时，由于虚拟现实对本地计算能力要求很强，导致功耗很大，需要持续供电，而5G的高带宽和低时延技术将实现计算能力放在云端，VR终端仅需保留显示和通信功能，功耗大幅度降低，使依靠电池长时间供电的优质轻便VR/AR成为可能。

4.无人机。无人机与地面的通信，主要有三种目的：图传、数传和遥控。无人机搭载5G和360度4K全景摄像头，将实现动态、高维度的4K/8K超高清视频回传。同时，为实现无人机实时精准遥控，需要20ms以下时延，只有5G可以满足，此外，分布式边缘智能计算节点可以在5G基站附近部署，从而保证了应用的端到端低时延场景需求。5G的大规模天线阵列，以及3D波束赋形技术，可以加强垂直方向的覆盖，可以以较低成本构建高空连续覆盖的网络，大大扩展无人机的飞行范围。

从上述应用场景可以看出，5G应用将与广泛的实体经济领域相结合，形成支撑数字化经济转型的关键基础设施，极大推动实体经济转型升级和发展壮大。总而言之，5G 所赋予的高带宽、低延时、高精度、高安全，可以帮助无人机补足短板，解锁更多的应用场景，满足更多的用户需求。

（二）5G 在各行业的应用

1. 实现智慧高效的城市治理。5G 的超高速率，超低时延和每平方公里的百万联接，将引领一个万物互联时代的到来。基于 5G、大数据与人工智能等各种数字技术的融合，以及虚拟现实、无人机、机器人等智能设备的广泛应用，城市治理将实现向数字化和智能化的方向转型。市民驾车出行会更加通畅，交通违章行为将被实时"发现"并实时推送给司机和交警部门。基于增强现实技术与人脸识别的结合，城市巡检的警察、海关查验的工作人员等可以通过佩戴便携式 AR 眼镜，对重点人群进行人脸识别，实时告警，及时采取行动。

2. 推动传统制造的智慧转型。未来，5G 与人工智能、大数据、工业互联网、物联网等先进技术协同，将提升产能和效率，解决传统制造业普遍面临市场需求响应滞后、生产线落后、生产周期长、运维成本高，以及人口红利消失、用工成本居高不下等问题，实现中国从制造大国向制造强国迈进。借助 5G 实现高可靠、低时延的通信服务，为物与物、物与人、人与物之间提供实时、可靠、安全的即时通信。5G 将极大降低厂区智能设备之间、智能设备与核心控制系统的通信时延，为智能工厂各环节有序运行提供保障。

3. 提供无处不在的立体金融服务。基于 5G 网络无处不在的联接，有望实现随时随地随人随需接入金融服务。银行开户业务可以用 5G 对接虚拟柜台，银行对用户直接进行立体身份验证。人们出行购物、旅游不再需要携带现金、银行卡和手机，只需刷脸认证和刷脸付款。随着 5G 将连接的门槛大大降低，身边的办公桌、墙面、镜子、街边灯杆等都可以随时联网，实现在任意地点可以接入网络，也就可以实现在任意地点接入金融服务。

4. 颠覆传统医疗系统运营模式。5G 和人工智能的结合将颠覆传统医院运营模式，促进医疗手段更加多样化、智能化，患者足不出户可以享受到快捷、优质的医疗服务，有效缓解大医院资源不平衡，改善医患关系紧张的局面。当前，智能可穿戴设备、医学影像人工智能辅助诊断、5G 远程医疗手术等，在慢性病早期预防、大病预警、疑难杂症诊断、应急救治等方面，正逐步替代传统就医模式，为百姓带来无微不至的关爱。进一步说，通过合理规划 5G 应用，5G 将减少医疗不平衡。

5.探索教育身临其境的学习体验。当前传统教育面临很多的挑战，比如，到了教室才能接受教育、同龄学生接受同等程度的教育、边远地区无法接受高质量的教育等。未来，将 5G、虚拟现实或增强现实、人工智能等技术引入到教学场景，将给学生带来不一样的学习体验。譬如，5G+ 虚拟现实技术手段的结合将提供身临其境的教学体验，辅助教师进行高效授课。在这样的教育环境中，学生可以身临其境地探索教学场地，体验在现实生活中因太危险而不便接触的场景。同时使用 5G 建设远程教育网络也可以进一步缩短城乡的教育不平衡问题。

四、5G 创新突破的重要启示

5G 是我国为数不多的引领全球创新的新技术之一。5G 技术的成功有其特殊的原因，值得其他技术创新借鉴。

（一）注重专利技术的引领作用

中国在移动通信标准和核心技术领域走过了从入场、跟随到领跑的发展历程。2G、3G时代，主要以欧洲标准和美国标准的竞争为主。我国在2G时代基本没有通信的核心专利，3G时代通过与欧洲标准组织合作，掌握了部分核心专利。4G时代，欧洲主导的标准演进到Lte，美国IEEE紧随其后提出WiMAX演进标准。我国也成为核心专利的主要持有方之一。5G时代，我国持有的核心专利数量已经位居世界第一，5G专利数量占全球比例达到34.02%，韩国占25.23%，美国占14%，日本占5%。

（二）构建包容创新的产业环境

移动通信最核心的生产资源即频谱资源。在中国，频谱资源是由政府分配给运营商，我国已经优先通过Sub-6GHz频段启动5G发展，并且已为广电发放5G牌照，从而将700MHz频段纳入5G发展的频谱资源池。而欧美各国需要运营商通过拍卖获取，欧美各国运营商需要提供5G服务，必须首先投资巨额购买频谱，这加大了运营商建设网络和推行服务的难度，影响了 5G 的商用推广。

（三）充分发挥大市场的独特优势

我国有全球最大规模的移动用户资源。中国互联网信息中心第 44 次《中国互联网络发展状况统计报告》显示，我国拥有 8.54 亿网民、8.47 亿手机网民，为发展 5G 提供无可比拟的市场基础。另外，我国在移动互联网创新、市场应用方面也领先全球，人们已经习惯衣食住行均通过智能手机来实现，为 5G 的发展提供了现实的应用场景和需求。

（四）较为突出的基础设施优势

我国电信运营商贯彻国家信息技术设施的力度较大，在基础设施上可以按照国家需要、社会效益和长远发展大力度投入。其次，我国 4G 网络位居世界领先，4G 基站超过 350 万个，覆盖率已经超过 90%，而美国 4G 基站数不超过 30 万个，印度的总基站数也不超过 70 万个，这为 5G 发展打下了坚实基础。同时，我国电信运营商也都在积极部署 5G，由于有本土化龙头企业的技术积淀，5G 基站的建造成本相较于美国、韩国等单个基站的造价更低。

（五）良好的移动通信产业生态

我国拥有世界顶尖的通信企业。在芯片方面，华为率先推出的 5G 终端芯片和网络设备芯片领先全球。在智能终端方面，中国品牌的 5G 智能手机超过 10 款，在所有国家中排名第一。华为、中兴、ViVo、小米等也均在 2019 年陆续推出了 5G 手机。在网络设备方面，尽管美国对华为停止了供货，华为依然可以依靠自己的能力提供全套 5G 设备。最后，中国通信厂商、运营商在 5G 行业应用方面的经验也领先全球，在工矿、制造、安防、急救、教育、医疗等领域，运营商与通信设备企业、产业合作伙伴完成了大量应用探索和实践。

五、关于 6G

6G 从定义上讲是指第六代移动通信系统，是 5G

系统后的自然延伸。目前由于 5G 热度很高，网上关于 6G 的讨论和观点也很多，有人认为特斯拉通过卫星建立地球表面的连续覆盖是 6G，有人认为 6G 一定要用太赫兹（THz），还有人认为 6G 网络需要集地面通信、卫星通信、海洋通信于一体。当然也可以继续畅想，6G 会不会指太空中的空间通信呢？从体验上讲，有人认为 6G 网络的速度将比 5G 快 100 倍，几乎能达每秒 1Tb/s，网络延迟也可能从毫秒级降到微秒级。有人认为 6G 将被用于类脑交互、触觉互联网、情感和触觉交流、多感官混合现实等场景。

总体而言，目前 6G 还处在探索阶段，6G 技术创新还是一个开放的技术命题，6G 会采用什么技术是未定的，需要达到的性能指标也没有确定，6G 的标准和目标都还待讨论，目前给 6G 下定义为时过早。从移动通信的发展历史看，差不多每 10 年会有一代新的通信系统，所以 5G 之后自然也会有 6G，如果从 5G 的商用元年 2019 年开始算起，也许将在 2029 年左右 6G 技术会实现商用。尽管移动通信商业巨头已经开始 6G 技术的布局和研究，但是从移动通信技术生命周期看，6G 技术在十年以后才会真正成熟落地。

我国移动通信技术已经实现了 2G 跟跑、3G 追赶、

4G 并跑、5G 领跑的跨越，这是以国家整体实力大幅提高为前提的。在未来，我国整体科技实力持续提升的背景下，相信并期待我国在 6G 技术创新领域仍然能做到领先甚至引领。

第七章

工业互联网：铸就国家竞争硬实力

2012 年，美国工业巨头 GE 公司率先提出了工业互联网概念。工业互联网是新技术与工业制造交叉集成创新的重要载体，是重构全球工业、推进智能制造的创新利器，对于促进信息技术与实体经济深度融合、构建国家竞争硬实力具有至关重要的作用。

一、什么是工业互联网

（一）工业互联网基本定义

工业互联网产业联盟（AII）对其的定义是：工业互联网是满足工业智能化发展需求，具有低时延、高可靠、广覆盖特点的关键网络基础设施，是新一代通信技术与先进制造业深度融合所形成的新兴业态与应用模式。工业互联网的本质，就是通过开放的新型网络平台，综合应用新型信息技术和传统工业技术把设备、生产线、员工、工厂、仓库、供应商、产品和客户等要素紧密地连接起来，打通工业制造生产链、价值链和产业链，实现数字化、网络化、自动化和智能化生产。

（二）工业互联网与消费互联网的区别

顾名思义，工业互联网是制造端的网络互联，是以企业生产组织、协同制造、智能制造为主的。消费互联网是消费端的网络互联，是以个人生活消费娱乐为主的。过去 20 年消费互联网快速发展，给每个人的工作、生活都带来了巨大的改变。相比较而言，工业互联网才刚刚起步，有望在未来对工业制造产生深远影响。将二者进行比较，有利于对工业互联网的快速理解。

表 7-1　工业互联网与消费互联网的比较

特征	消费互联网	工业互联网
联接对象不同	消费互联网联接的是人、信息、数据及信息化设备等	工业互联网联接的是厂房、工业设备、原材料、生产流程、各类工业终端等

特征	消费互联网	工业互联网
联接数量级不同	消费互联网联接十亿、几十亿消费人群和设备	工业互联网联接近百亿、千亿设备
时间响应要求不同	消费互联网无需毫秒级响应，适度时延对使用影响不大	工业互联网需要毫秒级的实时响应
应用场景不同	消费互联网联接两头，重点联接云端及末端消费者	工业互联网联接全程，对外可以打通供应链系统，对内可以打通产品生产全流程，覆盖产品全生命周期

（三）工业互联网是一种集成创新技术

工业互联网并非某一种技术或某一种应用，它是多种技术和应用的集合体。比如，网络联接技术、云计算、大数据、人工智能、物联网、工业控制技术，等等。正是由于有如此多的技术作为支撑，工业互联网才能够成为驱动制造业转型升级和新工业革命的重要引擎。工业互联网还有如下一些关键技术概念。

1. 工业大数据。工业大数据是工业互联网的核心。也就是基于工业互联网平台进行海量数据的采集、传输、存储、数据挖掘和可视化呈现。工业大数据推动互联网由以服务个人用户消费为主向服务生产性应用为

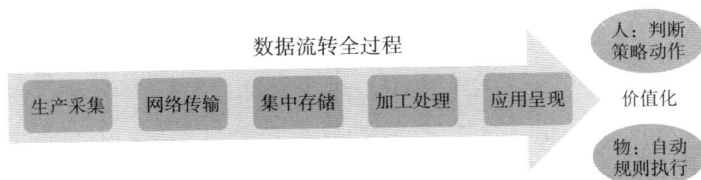

图 7-1 工业大数据流转过程

主，由此重塑产业模式、制造模式和商业模式。

2. 数字孪生。数字孪生（Digital Twin）是指基于现实世界，利用数字化技术映射出的与现实世界高度同步一致的数字化镜像。数字孪生具有模块化、自治性和连接性的特点。利用数字孪生技术，可从测试、开发、工艺及运维等角度，打破现实与虚拟之间的藩篱，实现产品全生命周期内生产、管理、连接的高度数字化及模块化。数字孪生被认为是发展工业互联网的关键技术，是生产数字化、自动化的推动者，能够通过数字化模拟仿真进行产品研发、运行模拟、实时监控、风险排查等工作，实现提高决策效率、降低实验成本、预防生产风险等目的。

3. 边缘计算。边缘计算是在靠近物理对象或数据源头的终端边缘侧，集成网络、计算、存储、应用等核心能力的分布式处理技术平台。边缘计算不依赖于云端就近提供计算存储服务，可以满足行业数字化在敏捷联接、实时业务、数据优化、应用智能、安全与隐私保护等方面的关键需求。边缘计算是和云计算相对而言的。边缘计算的实时处理能力对于推进工业互联网建设发挥着重要作用。

二、工业互联网的重要价值

（一）工业互联网是新一轮工业革命的关键因素

工业互联网通过信息技术将人、数据与机器连接，打破生产活动的物理和组织的边界，形成跨设备、跨系统、跨厂区甚至跨地区的智能互联平台，是推进新一轮工业革命的主要创新动力，对于提升工业竞争力、实现智能制造具有十分重要的意义。一方面，工业互联网能够打通生产组织内部，将产品设计、生产制造、供应链及分销等生产环节以数字化的方式串联成有机整体；另一方面还能实现产业链上下游间的资源有效协同，促进制造资源泛在连接、弹性供给和高效配置，推动制造业创新模式、生产方式、组织形式和商业范式的深刻变革。可以说，发展工业互联网是抢抓新一轮工业革命的必然选择，推动全球工业生态体系的重构迭代和全面升级至关重要。

（二）工业互联网是全球生产力变革的主要动力

工业互联网的跨界融合特征不仅必然会带来一系列新的技术创新，还有力支撑大规模个性定制、开放式协同制造、服务型制造等新模式、新业态得以深度应用和全面普及，进而推动人类生产力实现再一次跃升。传统工业企业一直无法解决大规模生产和定制化需求的矛盾。工业互联网能够支撑大规模个性定制、开放式协同制造、服务型制造等新模式、新业态，使得传统制造业可以借此实现转型升级，进而推动人类生产力实现再一次跃升。例如，服装生产企业是十分典型的规模化生产型传统企业，但是可以采用工业互联网技术对生产工艺和生产车间进行智能化改造，按照用户的不同需求进行个性化定制，实现从大规模制造到大规模定制的转变。

（三）工业互联网是经济高质量发展的重要引擎

持续不断的创新是企业能够不断发展的重要因素之一。但对于大多数传统工业企业而言很难实现持续性的创新，这一点在中小企业身上体现得尤为明显。工业互联网具有的网络化、平台化特征，为生态圈和行业内的工业智力资源、创新能力提供了汇聚和协作平台，这将会打破传统工业企业封闭的创新围墙，进而推动企业从封闭式创新走向开放式创新，有力推动数字经济与实体经济深度融合。近年来，美国、德国、日本等国家分别提出了先进制造业领导战略、工业4.0战略、互联工业战略，尽管各国对工业互联网的提法和表述不尽相同，但是以工业互联网促进经济高质量发展已经成为世界主要发达国家和地区促进经济高质量发展的共同选择。

（四）工业互联网是建设制造强国的必由之路

我国是全球制造业第一大国，制造业门类齐全、体系完整，具有联合国产业分类中所列举的全部工业门类。但是我国制造业总体上创新能力不强，产业附加值低，制造业装备和软硬件平台多依赖进口。要实现从制造大国向制造强国转变，必须大力发展工业互联网，通过构建开放、协同、高效的工业互联网研发平台，增强制造业技术创新能力，帮助制造业实现经济全要素、全产业链、全价值链的资源优化配置，提高全要素生产率。尤其对于大量中小企业而言，必须充分利用工业互联网的辐射带动效应，才能弥补自身的创新短板，加速我国先进制造业的发展步伐，推动我国制造业开启智能化进程。

三、工业互联网发展概览

（一）全球主要国家高度重视工业互联网发展

2008 年国际金融危机之后，世界主要经济体纷纷致力于遏制经济"脱实向虚"的势头，抢抓新一轮产业变革机遇，加快推进工业互联网建设，实现创新驱动的"再工业化"。麦肯锡预测，未来 5 年工业互联网每年将产生高达 11.1 万亿美元的收入。基于工业互联网的重要价值和发展前景，美国、德国、日本等制造业强国采取了以工业互联网技术为核心的一系列重大举措和相关政策推动制造业转型升级。

表 7-2　世界主要国家工业互联网政策概览

国家	重要政策	战略重点
德国	《高技术战略 2020》	工业 4.0，智慧工厂，智能生产 成为新一代工业生产技术供应国和主导市场
美国	《重振美国制造业框架》《先进制造伙伴计划》《先进制造业国家战略计划》	工业互联网，将人、数据与智能设备衔接，以交换数据来驱动制造业智能转型 侧重"软"服务，通过大数据、软件、互联网等对传统工业实现再工业化
日本	《日本制造业白皮书》"以 3D 造型技术为核心的产品制造革命"	人工智能 智能化生产线和 3D 造型技术
中国	《工业互联网发展行动计划（2018—2020 年）》《中国制造 2025》《国务院关于深化"互联网＋先进制造业"发展工业互联网的指导意见》	两化融合，制造强国，工业互联网 打造新一代信息技术产业、生物医药与生物制造产业、高端装备制造产业、新能源产业等

我国工业互联网发展与美、德、日等发达国家基本同步启动。近年来在国家相关政策的引导下，我国工业互联网建设发展明显加快，20 多个省份出台了地方性

工业互联网政策规划与实施方案。中国工业互联网产业联盟数据显示，目前全国各类型工业互联网平台数量总计已有几百家，其中具有一定区域、行业影响力的平台数量超过 50 家，每个平台平均工业设备连接数近 60 万台（套），已经初步形成了多层次系统化的生态平台体系，有力促进了制造业数字化转型。

（二）国内外主要工业互联网企业及平台

工业互联网是信息化与实体经济深度融合的重要创新领域，具有十分广阔的应用发展前景。目前，已有越来越多的企业加快工业互联网的技术创新和建设。工业互联网的主要建设和推动者大体可分为三类。

1.工业装备企业——工业互联网的主要推动者。这些企业是开展工业装备制造的老兵，能敏锐把握科技革命的趋势和动向，对传统工业装备进行数字化、网络化、智能化创新，拥有十分雄厚的工业装备制造硬实力，行业优势突出。典型代表如国际工业装备巨头GE、西门子、博世等。

2.信息技术企业——工业互联网的技术赋能者。这些企业是推进工业互联网建设的新兵，充分利用信息技术优势进入工业装备领域，助力传统企业对现有装备的数字化改造，它们的突出优势是掌握最新信息技术，具有巨大的创新软实力，能够把信息化的成功经验复制到工业制造领域。典型代表如思科、华为、阿里、腾讯、紫光、浪潮等。

3.制造业企业——工业互联网的自我革新者。这些企业一般规模体量较大，基于自身的生产活动需求，充分利用信息技术开展自我创新和变革。它们拥有丰富的行业经验，掌握第一线的实际需求，在实现自身业务能力创新的同时，开始将成果经验转化为产品服务对外输出。典型代表如富士康、三一重工、航天科工、海尔等。

这三类企业在建设工业互联网方面各有侧重及独特比较优势，目前已经形成了一批较为成熟的工业互联网平台，开始在促进传统制造业数字化转型方面发挥作用。

表 7-3　代表性工业互联网平台

序号	平台名称	平台概况
1	GE Predix	全球首个工业互联网平台，具备安全监控、工业数据管理、工业数据分析、云技术应用和移动性等功能。Predix 对外开放，可以和合作伙伴进行互操作，将各种工业资产设备和供应商相互连接并接入云端，同时提供资产性能管理（APM）和运营优化服务
2	西门子 Mind Sphere	Mind Sphere 是云计算技术在工业领域的应用，属于平台即服务（PaaS），它向下提供数据采集 API，数据接入网关，支持开放式通信标准，支持和第三方设备的数据连接
3	施耐德 Eco Struxure	平台覆盖配电、信息技术、楼宇、机器、工厂和电网等 6 个领域，推动从互联互通的产品到边缘控制、应用、分析与服务各个层级的全面创新，应用于家居、楼宇、数据中心、基础设施及工业等终端市场
4	华为 Fusion Plant	华为工业互联网平台 Fusion Plant，包含联接管理平台、工业智能体、工业应用平台三大部分。定位于做企业增量的智能决策系统，实现业务在云上敏捷开发，边缘可信运行。赋能行业合作伙伴深耕工业核心业务流，持续释放潜在业务价值
5	树根互联根云平台	致力于构建开放、共享、合作、共赢的工业互联网生态平台，连接工业资产，打通连接层、平台层、应用层，提供端到端的一站式工业互联网产品

序号	平台名称	平台概况
6	航天云网 INDICS	以工业大数据为驱动，以云计算、大数据、物联网技术为核心的工业互联网开放平台，可以实现产品、机器、数据、人的全面互联互通和综合集成，提供涵盖 IaaS、DaaS、PaaS 和 SaaS 的完整工业互联网服务功能，可支持各种工业设备接入、集成各类工业应用服务
7	海尔 COSMO Plat	COSMO Plat 是具有自主知识产权、全球首家引入用户全流程参与体验的工业互联网平台。可将用户需求和整个智能制造体系连接起来，让用户可以全流程参与产品设计研发、生产制造、物流配送、迭代升级等环节，以"用户驱动"作为企业不断创新、提供产品解决方案的原动力，把以往"企业和用户之间只是生产和消费关系"的传统思维转化为"创造用户终身价值"
8	阿里云 ET 工业大脑平台	ET 工业大脑是一个开放的系统平台，具有持续汇聚整合工业领域的技术、经验与数据的能力，通过输出"供、研、产、销"全链路智能算法服务，激活工业海量数据的价值
9	浪潮工业互联网平台	依托全国 7 大公有云核心节点和 45 个边缘云节点支撑，具备云平台支持和 IOT 设备连接能力，已经应用到汽车、模具、机床、化工等多个行业中
10	富士康 BEA-CON	BEACON 平台打造跨边缘层、IaaS 层、PaaS 层和 SaaS 层的应用体系，连通设备层、车间层、企业层，智能辅助生产者、管理者和决策者

四、如何推动工业互联网的发展

建设发展工业互联网顺应新工业革命演进的历史潮流，是大势所趋。

（一）打造标杆型工业互联网平台

工业互联网应用目前还存在落地推广难的问题，即使是首创工业互联网的 GE 公司也面临着巨大的经营挑战。因此要选择一些基础条件好、创新优势强、容易取得成效的领域和地区，以行业龙头企业为核心，以企业为主体，以市场为导向，打造若干具有示范引领作用的标杆型工业互联网平台、互联网平台试验测试体系和公共服务体系，不断摸索规律、总结经验、提炼可推广模式，让企业看到工业互联网的实际成效和价值，进而带动产业链上下游乃至整个行业的发展。

（二）构建开放共享的协同生态

工业互联网是基于信息技术与工业制造等相关技术

的集成创新，涉及装备制造、工业生产、信息技术等多方主体，必须打破企业和行业的传统边界，大力推动上下游企业间生产系统、信息系统及数据资源的互联互通，推动跨行业、跨领域的协同创新，支持制造企业、互联网企业、科研院所共建工业互联网创新平台和机制，引导龙头企业开展工业互联网开源社区、开放技术平台等生态创新平台，汇聚众多开发创新者开展关键共性技术、工业 APP、协议转换、标准研制、工业数据分析等开发应用工作，汇聚各方的优势资源和能力，推进工业互联网创新发展。

（三）确保工业互联网产业链安全

工业互联网安全直连企业生产活动，因此一旦出现安全风险将会对实体经济造成巨大的直接影响。要加快建立工业互联网安全保障体系，建立健全安全管理制度机制，全面落实企业内网络安全主体责任，制定关键设备、生产平台、工控系统、工业数据等关键要素的安全标准，建立针对重点行业和企业的监督检查及应急响应体系，探索开展工业互联网平台安全认证服务，强化平台及数据安全监督检查和风险评估，切实保障工业互联网产业链安全。

五、工业互联网的发展趋势

1. 5G+ 云计算 +AI 推动工业互联网快速发展。网络化、数字化、智能化是实现工业互联网的三大要素。5G 的逐步商用为工业互联网解决了联接问题，真正实现设备和设备的无缝联接，使得数据能够自由、快速的流通。联接问题的解决，将会带来海量的数据，这势必会需要更强大的计算能力和存储空间。云计算、人工智能为工业数据的分析和处理提供了算力和算法支撑，使数据的价值得以最大化体现，真正实现智能制造。在5G+ 云计算 +AI 的推动下，工业互联网的应用将进入快速发展期。

2. 智能边缘计算将得到越来越广泛的应用。边缘计算在工业企业里的应用将越来越广泛，边缘计算和云计算相结合将成为工业互联网的基本计算存储架构，云计算主要聚焦非实时、长周期数据的大数据分析，支撑周期性维护以及业务决策，边缘计算则聚焦实时、短周期数据分析来支撑工业制造和作业关键环节的实时智能化处理与执行。

3.工业互联网安全问题将越来越突出。随着云计算、大数据、物联网、人工智能等新 IT 技术与传统工业的深度融合，更多机器和设备实现互联，工业互联网应用需要采集各类设备和机器的数据，实现多种数据的集中，工业大数据的集中也意味着风险的高度集中。同时，随着工业互联网业务、平台、设备、用户的多样性不断丰富，传统的网络安全边界加速瓦解，传统的边界安全架构无法满足工业互联网时代的安全需求。在这样的现实需求导向下，符合工业互联网特征的新型安全技术和架构开始出现。

4.数字孪生将成为工业互联网发展的关键技术。数字孪生通过对工业制造过程的虚拟再现和模拟，将促进工业企业的管理、设计、生产等各个环节的能力，在虚拟环境中验证制造过程，发现问题后及时在模型中进行修正，在制造流程初期就能准确掌握信息并预见制造过程，推进设计和制造的高效协同，确保设计和制造准确执行。

第八章

物联网：迈向万物互联世界

物联网是连接物与物的网络。物联网的出现让世界从人人互联向万物泛在互联发展，会进一步加快数字世界和物理世界的相互融合映射与融合，给我们的世界带来翻天覆地的改变。

一、什么是物联网

（一）物联网的基本概念

物联网（Internet of Things，IoT）概念是在 1999 年提出的，简言之就是物物相连的互联网。物联网通过各种信息传感设备，如传感器、射频识别技术、全球定位系统、红外感应器、激光扫描器、气体感应器等各种装置与技术实时采集任何需要监控、连接、互动的物体或过程，采集其声、光、热、电、力学、化学、生物、位置等各种需要的信息，与互联网结合形成的一个巨大网络。其目的是实现物与物、物与人，所有的物品与网络的连接，实现智能化识别和管理，通过智能感知、识别技术与普适计算、泛在网络的融合应用，被视为互联网的应用拓展。

（二）物联网的基本特征

1. 全面感知。即利用 RFID、传感器、二维码等技术随时随地获取物体的信息。

2. 可靠传递。通过各种电信网络、互联网、移动互联网等将物体的信息实时准确地传递出去。

3. 智能处理。利用云计算、边缘计算、模糊识别等各种智能计算技术，对海量的数据和信息进行分析和处理，对物体实施智能化的控制。

（三）物联网的关键技术

1. 射频识别技术。无线射频识别俗称"电子标签"，是物联网中信息采集的主要技术手段之一。其主要的原理是将电子标签附着在物理对象上，从而实现对物理对象的实时追踪和识别。例如，装有 ETC 的汽车通过高速公路收费站时能被自动识别自动缴费，基于射频识别技术的无人超市可安全运营、自助结账等。

2. 传感器技术。传感器是一种通过声、光、电、热、力、位移、湿度等多种感知手段对目标对象进行状态监测的装置，为智能化感知和控制目标对象提供实时、精准的状态信息。例如，可通过传感技术探测人群中的高温者，监测到汛期河流水位变化等。

3. 传输技术。传输技术主要解决物与物、人与物之间信息的交互和传输问题。物联网传输技术包括互联网、移动互联网、卫星通信、蓝牙、Wi-Fi、NFC（近场通信）等多种方式手段，满足数十亿设备市场的连接需求。

二、物联网的重要价值

（一）物联网推进万物泛在互联

物联网是数字世界与物理世界相互融合的关键一环。基于物联网，任何物理的和虚拟的物体都可以连接到其他物体和互联网上，在物体之间、人与物体之间构建智能连接，将物理世界和虚拟世界结合在一起，形成一个全新的感知、分析和适应的智能环境，让人类生活更轻松、更安全、更高效和更人性化。据 IDC 预测，2020 年将有超过 500 亿的终端与设备联网。

（二）物联网产生海量实时数据

物联网的发展将带动数据资源的几何级数增长，数据总量将远远超出互联网数据总量。据 IDC 预测，到 2025 年物联网设备将产生超过 90ZB 的数据。这些数据将在提高生产效率、改善生活质量、创新商业模式、加强社会治理等诸多方便发挥巨大的创新推动作用。

（三）物联网促进新技术集成创新

物联网对新一轮产业变革和经济社会绿色、智能、可持续发展具有重要意义。目前，我国正处在新一轮产业变革和社会绿色、智能、可持续发展的关键时期，在这一过程中，物联网技术将发挥重要作用，为工业、农业、医疗、金融等各行各业的转型升级和变革提供强有力的支撑。

（四）物联网推动智慧城市建设

智慧城市建设是数字化转型的重要领域。将城市的各类基础设施进行智能化改造和互联是推进智慧城市的重要基础。物联网技术无疑是城市基础设施和治理对象全面智能互联、实时感知必不可少的关键技术手段，成为智慧城市技术构架中的基本要素和模块单元，将全面提升城市基础设施智能化、市政管理数字化、城市运行高效化，促进形成"自动感知、快速反应、科学决策"的城市治理新模式。

（五）物联网促进全球经济增长

物联网本身是一个巨大的技术市场，是促进全球经济复苏的新需求。IDC 预测，全球物联网市场在 2017—2022 年保持了两位数的年增长率，2020 年物联网的全球市场规模有望达到 1.7 万亿美元。另据 Gartner 预测，到 2020 年全球物联网设备数量将达到 260 亿个。物联网市场的发展将带动相关基础元器件生产以及基于物联网数据的智能化应用和业务创新，将成为一个"不起眼"的经济加速器。

三、物联网的应用场景

物联网应用场景十分广阔，凡是涉及对事物的智能标签、对环境进行监控和对象跟踪、涉及对事物的智能控制的需求，物联网都可发挥关键作用。

1.涉及对事物的智能标签。通过无线射频等技术对目标对象进行标识，用于区分对象个体。例如，日常生活中的各种智能卡、条码标签等就是用来获得对象的识别信息。通过智能标签还可以用于获得目标对象的相关扩展信息，例如，ETC 中的余额、二维码中所包含的支付信息等。

2.涉及环境监控和对象跟踪。利用多种类型的传感元器件和多样化的传感网络，实现对目标对象的特定状态的实时定位、监控和追踪。如在生态环保领域中对大气、土壤、噪声等进行监测，在应急管理中对洪水、火势等的监测等，在市政管理中对路况的监测等。

3.涉及对事物的智能控制。通过对传输网络、云计算平台、边缘计算等技术的集成应用,依据传感器获取的目标对象信息进行决策和智能控制。例如,根据自然光线的强弱调整灯光亮度,根据车牌号自动抬放栏杆等。

目前,物联网已经在如下领域得到了广泛应用。

表 8-1 物联网部分应用场景

行业	场景
智慧物流	仓库储存、运输监测、智能快递柜
智能交通	智能公交车、共享单车、汽车联网、智慧停车、智能红绿灯
智能安防	门禁系统、监控系统、报警系统
智慧能源	智能水表、智能电表、智能燃气表、智慧路灯
智能医疗	医疗可穿戴、数字化医院
智慧建筑	用电照明、消防监测以及楼宇控制等
智能制造	工厂的数字化和智能化改造,包括工厂机械设备监控和工厂的环境监控
智能家居	单品连接、物物联动、平台集成
智能零售	自动售货机、无人便利店
智慧农业	农业可视化诊断、远程控制以及灾害预警等功能

四、如何发展物联网

（一）加强物联网核心技术研发

传感器是物联网最核心的组件之一，市场需求十分巨大。目前，我国物联网芯片及传感器等核心技术能力还严重不足，基础元器件生产企业规模偏小、生产工艺落后、技术水平低，导致我国基础元器件高度依靠进口。随着我国工业互联网及车联网等行业和应用的大发展，对于高端传感器的需求将出现井喷式增长。如果全部依赖进口会大幅增加成本，同时也存在较大安全风险隐患。因此，必须加强物联网特别是传感器核心技术以及智能边缘计算等核心技术的研发，培养一批具备高水平关键技术研发和生产能力的龙头企业，进而带动产业链上下游的自主创新发展。

（二）构建物联网产业生态体系

我国物联网产业生态体系不健全，还存在成本高、行业成熟度低、从业人员不足等突出问题。在物联网建设应用过程中，涉及对现有的工具、设备、设施甚至管理和生产流程进行改造，企业首次投入较大，且后续运行维护成本较高。物联网在工业制造、安全生产等重要行业应用需要以高可用性为前提，但我国物联网产业链还远未成熟，尚难以满足这样的要求。为此，需根据物联网创新发展的新一轮浪潮，优化提升物联网产业聚集区，建设完善物联网公共服务平台，完善物联网产业生态体系。

（三）提升物联网标准体系建设

物联网产业具有产业链长、环节多、关联性强等显著特点。目前各行业均在结合自身需要制定物联网相关应用标准，但在行业协同制定标准，实现标准互联互通、开放共享，推动产业链协同发展和创新方面仍需进一步强化，特别是物联网平台、操作系统等将成为数据开放、共享的重要环节，需要进一步加强标准化工作，尤其要从技术融合的需求出发加强物联网标准体系同工业互联网、大数据、人工智能等相关标准规范体系的衔接配套。

（四）应对物联网信息安全挑战

物联网节点分布广数量多、应用环境复杂，无法完全依赖常规的安全防护手段，使得物联网的安全性相对脆弱。物联网大规模发展后，将使经济社会活动、基础设施和人们生活全面架构在全球互联互通的网络上，所有活动和设施理论上透明化，一旦遭受攻击，经济社会生活正常运转将受到巨大威胁。为此，必须持续推进物联网关键安全技术研发与产业化，建立健全物联网信息安全相关制度和标准规范，优化预警与态势通报机制、信息共享与分析机制，建立与基础环境建设，加强物联网安全监测与应急处置能力。

五、物联网发展趋势

1.物联网加快经济社会数字化。物联网万物感知和万物互联，基于无处不在的物联网，信息和数据在物理世界和数字世界间自由传递和流转，加速物理世界和数字世界的融合进程，驱动人类社会迈向第四次工业革命，加快各行业数字化转型。

2.物联网与新技术快速融合。物联网推进万物互联会产生海量实时数据，这些数据对于激发工业互联网、人工智能、大数据、5G 的技术创新潜力十分重要，物联网将与新技术快速融合，为数字经济的快速发展提供驱动力。

3.物联网提升工业制造竞争力。工业是物联网应用的主战场之一。物联网为工业企业服务转型提供技术创新手段。通过实时抓取、分析数据以及智能化的决策分析，将实现敏捷制造、定制生产、客户互动等新服务模式，提升工业制造竞争力。

4.物联网芯片竞争将加剧。万物互联之下，物联网设备数以百亿计，对于芯片的需求是十分巨大。但不同于传统 IT 领域，芯片市场格局已定，在物联网产业，尚未有哪家企业具备垄断性优势。面对如此巨大的市场空间，各大芯片企业绝不会放过，未来几年物联网芯片的市场竞争将会越来越激烈。

5.安全问题将成为物联网发展的重要挑战。物联网快速发展将引发物联网安全事件频发。据 Gartner 调查，近20%的企业或者相关机构在过去三年内遭受了至少一次基于物联网的攻击。如何确保万物互联之下网络和数据的安全，将是物联网产业接下来所面临的重要挑战之一。

第九章

量子信息：开启未来技术创新的钥匙

现代信息技术已经取得了巨大进展，但是仍然面临着两个突出的问题。一是随着摩尔定律逼近极限，经典信息技术将难以满足人类对计算能力的巨大需求，很多基础科学研究和技术突破还受制于信息处理能力的制约。二是网络信息安全问题一直如影相随、挥之不去，信息技术越普及，信息安全问题就越突出，目前的信息技术还难以形成一个绝对安全的技术防护能力。近年来，量子信息理论及技术不断取得突破，有望突破经典计算机理论制约，为解决计算性能、信息安全提供新的动力，被认为是面向未来的信息技术，有望带来颠覆式变革。

一、什么是量子信息技术

量子信息技术是以量子理论、信息理论和计算机理论为基础，利用量子叠加、量子纠缠等特性，以经典理论无法实现的方式来处理信息的一种新型技术。量子信息技术能够突破传统计算机发展的瓶颈，更为高效地进行信息编码、传输和计算，形成远超过现有计算机的运算处理能力和安全性。

（一）量子信息技术的基本概念

1. 量子（Quantum）。量子这个概念最早是由德国物理学家普朗克在 1900 年提出的。所谓量子，其实就是能量的最基本携带者，是构成物质的最基本单元，具有不可分割性。量子理论是研究微观世界规律的一门科学理论，量子世界一般是指一厘米的一千万分之一大小的微观世界。量子有超出我们常规认识的一些奇妙特性，其不可分割性、量子态叠加性、不可复制性、量子纠缠等独特的现象和特性具有重要的技术创新价值和潜力。

表9-1 量子主要特性及创新价值

基本特征	特征描述	技术创新价值
不可分割性	量子是构成物质的最基本单元，是能量、动量等物理量最小单位，具有不可分割性	利用光量子的不可分割性传递量子密码，就不用担心被窃取
量子态叠加性	由于微观特性，量子状态可以叠加，即一个量子能够同时处于不同状态的叠加，就是指一个量子系统可以同时处于不同量子态的叠加态上。形象理解，著名的"薛定谔的猫"理论曾经形象地表述为"一只猫可以同时既是活的又是死的"	量子态的叠加性使得量子计算机可以实行并行计算，从而极大提升计算处理效率
不可复制性	克隆一个东西首先要测量这个东西的状态，但是量子通常处于极其脆弱的"叠加态"，一旦被测量就会马上改变状态，不再是原来那个量子了，因此是无法完全克隆的	量子的不可复制性可避免信息在传输过程中被窃听和复制，形成安全的信息通信机制
量子纠缠	量子纠缠是一种量子效应，当两个微观粒子处于纠缠态，不论分离多远，对其中一个粒子的量子态做任何改变，另一个会立刻感受到，并做相应改变。它是如此非直觉，以至于爱因斯坦称之为"超距离的幽灵行为"。形象而言，就如同孙悟空和他的分身，二者无论距离多远都"心有灵犀"	两个纠缠的粒子可以超越空间进行瞬时作用，目前可用于高安全性的密钥传输，也有助于形成更加强大的量子算法

2. 量子比特（qubit）。量子比特是量子信息技术最重要的概念之一。量子比特是相对比特（BIT，Binary digit）而言的。比特是经典计算机中表示信息量的基本单位，是一种由电脉冲表示 1 或 0 的二进制单元，也是构成计算机的基础。从微博、微信、Word 文档到视频、计算机游戏等所有内容都是这些二进制数字的长串。量子比特则是量子信息技术计算和处理信息的基本单元。与经典比特不同的是，一个量子比特能同时表示 0 和 1 两个状态，在量子比特位数是 n 时，量子比特的存储容量是传统信息位的 2^n 倍，量子计算速度是传统计算速度的 2^n 倍，这一特性使得量子计算机能够形成高密度存储和并行计算能力，设计出更加高效的算法。

（二）量子信息技术的主要方向

量子信息技术有广阔的创新前景，目前国内外聚焦的重点技术创新发展方向包括量子计算、量子通信、量子测量等。

1. 量子计算技术

量子计算是基于量子理论，建立在量子比特基础之上处理信息的计算技术，旨在生产出远超出经典计算机

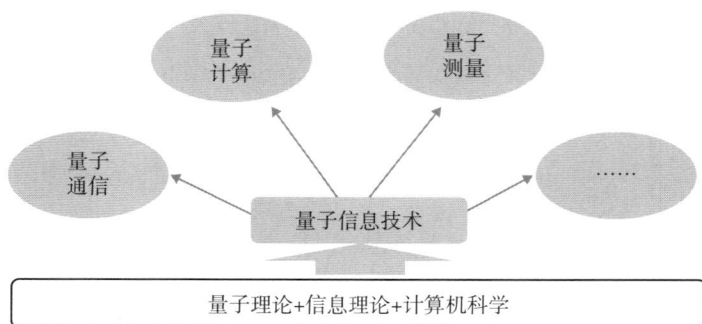

图 9-1 量子信息技术研究方向

的量子计算机。量子计算机与现有经典计算机的根本区别在于，量子计算机遵循量子力学规律，通过调控量子比特进行信息处理；基于微观量子比特的相干叠加、纠缠等特性以及量子电路的可逆性，在计算速度和能耗方面大大优于传统计算机，其运算能力随量子比特数量的增加呈指数增强。量子计算技术将为人类处理海量数据提供无比强大的运算工具。一般而言，量子计算机的处理能力是经典计算机的百万倍甚至上亿倍。基于这样强大的能力，量子计算目前被认为是一种对未来具有颠覆性影响的新型计算模式，在人工智能、数据搜索、化学模拟、生物制药等方面具有巨大的潜在应用价值。

2.量子通信技术

量子通信是利用量子相干叠加、量子纠缠效应，以量子比特为信息载体的一种新型通信技术。量子通信技术主要包括量子密钥分发和量子隐形传态等两种形式。量子通信技术被认为是保障未来信息社会通信机密性和隐私的关键技术。从信息学角度看，量子通信是利用量子不可克隆或者量子隐形传输等量子特性，借助量子测量的方法实现两地之间的信息数据传输。量子通信中传输的不是经典信息，而是量子态携带的量子信息，是未来通信技术的重要发展方向。量子通信技术与传统通信技术相比，具有如下主要特点和优势：

一是时效性高。量子通信的线路时延近乎为零，量子信道的信息效率相对于经典信道量子的信息效率高几十倍，传输速度快。

二是抗干扰性能强。量子通信中的信息传输不通过传统信道（如传统移动通信为了使得通信不被干扰，需要约定好频率，而量子通信不需要考虑这些因素），与通信双方之间的传播媒介无关，不受空间环境的影响，具有完好的抗干扰性能。

三是保密性能好。根据量子不可克隆定理，量子信息一经检测就会产生不可还原的改变，如果量子信息在传输中途被窃取，接收者必定能发现。

四是隐蔽性能好。量子通信没有电磁辐射，第三方无法进行无线监听或探测。

五是应用广泛。量子通信与传播媒介无关，传输不会被任何障碍阻隔，量子隐形传态通信还能穿越大气层。因此，量子通信应用广泛，既可在太空中通信，又可在海底通信，还可在光纤等介质中通信。

3. 量子测量技术

量子测量技术是利用量子效应提供比现有技术更高的测量灵敏度、精度和速度的新型精密测量技术，能够大幅提升时间、重力、磁场、成像、遥感等领域的测量精度。例如，利用超稳激光和光晶格技术实现的高精度光原子钟、采用超稳频率梳的精准时频传输、借助于原子态量子叠加性实现的高灵敏度原子干涉仪、利用高灵敏探测或纠缠光量子态实现的量子成像和遥感、在量子标准下实现测量的固态人造量子传感器等。2018 年第 26 届国际计量大会通过了关于用量子技术方法定义国际单位制的决议，标志着计量标准进入"量子时代"。这将全面提高长度、质量、时间、电流、温度、物质的量和发光强度等基本物理量的测量精度，并可广泛用于授时、导航、医学检测乃至包括引力波探测在内的基础物理检验。

（三）量子信息技术的发展瓶颈

量子信息技术成熟发展所面临的主要问题是，如何长时间地保持足够多的量子比特的量子相干性，同时又能够在量子相干性消退之前完成超高精度的量子比特逻辑操作。量子比特对环境有十分独特的要求，在宏观世界里量子态是非常脆弱的，很容易就被破坏。例如，基于低温超导的量子芯片寿命约两个纳秒，时间短到人类完全无法感知，而且周围环境的极微小的变化就会破坏其状态。近年来，科学家们不断努力，量子芯片的存续时间提升到了约 100 个微秒，可以达到一些数据处理工作的时间要求。尽管如此，量子比特脆弱性仍然是制约量子信息技术发展的致命性障碍。虽然人类已经制造出了拥有几十个比特的相对稳定的量子计算机，但是想要制造出能有效工作的量子计算机对当前的科学研究来说仍然是巨大的挑战。

（四）量子信息技术的五大条件

量子信息技术与经典信息技术理论相比十分抽象，对于如何在现实物理世界实现量子计算，美国量子物理学家 D.P.Divinvenzo 在 20 世纪 90 年代提出必须满足的五个条件，成为共识。

1. 具有可操控、可扩展的量子比特。"可操控性"是指能够在现实物理世界中，以某种技术方法形成和存储量子比特，确定量子比特的物理参数、相互作用以及物理环境。如基于电子自旋方向或者原子能级等来生成量子比特。"可扩展性"是指能够同时实现和操作一定规模数量（如几百到上千个）的量子比特，只有达到一定的数量，量子计算机才真正具有比经典计算机优越的性能。

2. 量子比特可初始化到一个确定的基态。初始化对于经典计算机和量子计算机来说都是一个重要的组成部分，在执行计算处理任务之前必须将所有量子比特置于一个已知、可控的初始状态，并具有相应的纠错能力。目前一些量子系统中，通过低温冷却等手段把系统处于基态。

3. 能在较长时间内保持量子相干性。由于量子态维持的时间极短，量子比特与环境的耦合会导致其量子相干性的丧失，这就要求退相干时间要远大于量子逻辑门操作时间，通常把量子比特退相干时间与量子逻辑门操作时间的比率称为品质因子。通俗地讲，就是要在量子态变化之前完成计算。

4.拥有一套通用的量子门操作。传统计算机和量子计算机的计算处理能力都是建立在"门操作"基础上的。通俗地讲，"门操作"就是组成复杂计算过程的加减乘除这样的基本运算规则。传统的计算机建立在"与、或、非"门操作基础之上。目前，量子计算机还未形成通用基本运算规则（即门操作）去完成通用的量子信息处理过程。

5.能够进行单量子比特的测量。计算的结果能够被记录和输出才是有意义的。传统的计算机的计算结果显示在显示在屏幕上或输出打印在一张纸上以读出结果。量子计算也必须解决计算结果的可记录、可显示问题，因此就需要能够测量到量子比特。

除以上五条外，Divinvenzo 后来又添加了第 6 条和第 7 条关于实现量子计算机网络的要求，这两条主要与量子通信紧密相关。

6.静态比特和飞行比特可互相转换。这主要涉及了量子计算机是否能够实现分布式运算、是否能够网络化共享和传播量子计算结果等。

7.能在指定区间专一地传输飞行比特。指能够在指定区间专一地传输飞行比特，这是量子密钥分发等量子通信不可或缺的要求。

量子计算机目前难以形成通用产品，主要的问题就在于量子比特隔离噪声、量子误差校正等技术难点，目前还难以形成产品化的物理装置同时实现上述条件。

二、量子计算机的发展阶段

量子计算机是利用量子特性、基于量子比特、处理量子信息、运行量子算法的新型计算机，具备存储能力强、运算速度快、安全性能强的特征。量子计算机是量子信息技术最重要的分支之一，其概念最早诞生于20

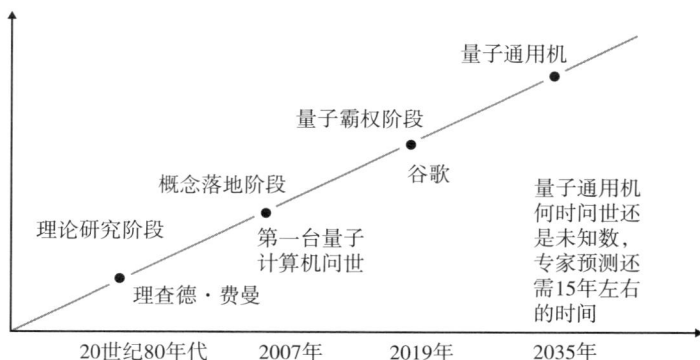

图 9-2　量子计算机的发展历程

世纪 80 年代，由于理论抽象、实现难度大，曾长期处于理念概念阶段，难以落地。直到 2007 年之后，才陆续有公司宣称在技术上实现了量子计算机的理念模型。总体上量子计算机可概括为四个发展阶段。

（一）理论研究阶段（1980—2007 年）

理论研究阶段主要解决量子计算机在理论上可行的问题。早在 1980 年，美国阿岗国家实验室（ANL）的物理学家保罗·贝尼奥夫（Paul Benioff）就提出了利用量子特性进行仿真数字计算的想法。1981 年，诺贝尔奖得主、加州理工学院的物理学家理查德·费曼首次提出了量子计算机的概念，勾勒了利用量子特性实现计算的技术愿景。1985 年，牛津大学的物理学家大卫·德伊奇（D. Deutsch）提出量子图灵机的概念，提出了较为详细的量子计算机工作原理。20 世纪 90 年代，量子计算机的算法发展取得巨大的进步。1994 年，美国贝尔实验室的数学家彼得·肖（Peter Shor）提出了 Shor 算法，这一算法在大数分解方面比目前已知的最有效的经典质因数分解算法快得多，因此对 RSA 加密极具威胁性，该算法带来的巨大影响力同时也进一步坚定了科学家们发展量子计算机的决心。1996 年贝尔实验室的洛弗·格罗弗（Lov Grover）发现了一种可以有效搜索排序的数据库的算法，该算法把传统计算机算法的复杂性呈指数级下降。1998 年，Bernhard Omer 提出量子计算编程语言，拉开了量子计算机可编程的帷幕。但是由于未能解决量子计算机在现实物理世界落地的技术难题，在此阶段，量子计算机总体尚处于理论研究探讨阶段。

（二）概念落地阶段（2007—2017 年）

概念落地阶段主要解决量子计算机在物理实现上可行的问题。量子计算机从理论到落地需要克服大量物理实验的技术难题，因此在概念提出后的近三十年内，量子计算机一直没有实质性进展。直到 2007 年 2 月，加拿大一家名为 D-Wave 的公司宣布制造出 16 个量子比特的量子计算机"猎户星座"，这台量子计算机利用量子退火技术（quantum annealing）实现了 16 个量子比特的计算能力，实验用于解决数独问题，揭开了量子计算机概念落地的序幕。但其作用仅限于解决一些最优化问题，性能也很不稳定。尽管业界对其技术有很多争议，但是 D-Wave 还是获得了包括谷歌、洛克希德·马丁公司、南加州大学、美国国家航空航天局和洛斯阿拉莫斯国家实验室等众多重量级的客户。英特尔、微软、IBM 等国际 IT 巨头也都纷纷加大了量子计算机的研制工作。2013 年，谷歌与美国国家航空航天局合作，资助一个实验室试验 D-Wave 公司的量子计算机硬件系统。2014 年，谷歌聘请了一些最好的量子计算机硬件的教授，来领导其新的量子硬件实验室。2016 年 IBM 将它的一些原型量子处理器放到互联网上，供程序员编写量子代码和任何人进行试验。这一阶段是量子计算机的破冰期，迈出了量子计算机由理论向落地、由 0 到 1 的重要一步。在具体技术实现上，各国科研机构及企业的技术路线不尽相同，主要有使用超导、离子、原子、半导体量子点、光子、金刚石色心、原子核等多种物理体系实现。

（三）量子霸权阶段（2017 年以来）

量子霸权阶段主要解决量子计算机在性能上可行的问题。量子霸权（quantum supremacy）也可翻译为"量子优势"，是指量子计算在某一个问题上，可以解决经典计算机不能解决的问题或者是比经典计算机具有十分明显的计算能力和处理速度的优势。量子霸权可以理解为描述量子计算机发展阶段的专业术语，业界普遍认为，当量子计算机发展到 50 个量子比特时，计算能力将全面超越世界上最快的经典计算机，在计算性能上实现对经典计算机"称霸"。世界上首次宣称实现量子霸权的是谷歌公司。2017 年 11 月，谷歌宣称实现了 50 个量子比特的量子计算机，只需 200 秒就能解决一个复杂计算问题，而同样的计算用当今最强大的超级计算机 Summit 执行需要约 1 万年。2019 年 9 月，谷歌在学术期刊上正式发表了其 53 量子比特的超导芯片成功演示量子霸权的实验结果。2018 年 3 月，IBM 紧随其后，宣称实现了 72 个量子位的原型机。

（四）量子通用机阶段（2035 年左右）

量子通用机阶段主要解决量子计算机在通用性上可行的问题。所谓量子通用机是指能够大规模商业化量产并适用于更多的通用场景的可重复编程的量子计算机。尽管量子计算技术已经进入了量子霸权的发展阶段，但是在通用化的道路上仍面临着量子比特容错率低、量子退相干性强、多量子比特设计难度大、对环境要求高（如真空、超导、超低温等）等技术难题，量子通用机的诞生还有很长的路要走。量子计算机什么时候能够成熟量产？对此不同学者有不同的预测，乐观的科学家认为需要 5 年左右的时间，谨慎的科学家认为还需要 20 年以上的时间，总体上看仍需要 15 年左右的时间。从经典计算机的发展进程看，1946 年第一台电子计算机诞生，直到 12 年后的 1958 年才出现了可商业化应用的机型。量子计算机要比经典计算机更为复杂，量子计算机真正走向成熟，所需的量子比特数最少要达到 1000 以上，较为复杂的计算处理任务需要到 10 万量子比特以上。迄今为止，尚无机构真正开发出一款可通用于各种计算任务的量子计算机。已经推出的各类量子计算机都面临着各种各样的局限性，规模尚小、容易出错，在应用上也往往被限制于某种特定领域。建造量子计算机的每一步都非常艰难，就现在而言，量子计算机的物理基础问题还远未得到解决。比如，为了保证粒子具有尽可能小的热量，研究人员们通常需要将处理器保持在几乎绝对为零的温度，否则错误率可能会急剧上升。控制系统亦需经过非常精细的设计，来自外部环境的少量能量都可能造成量子态崩溃。另外，和其他自然过程一样，量子计算过程中也存在噪声，量子比特内部的热量、量子力学过程中的随机波动等因素，都可能干扰量子比特的状态，最终对计算结构造成影响。量子计算机通用化的过程还很漫长。

（五）量子计算机会取代经典计算机吗？

量子计算机未来将发展到什么程度，还存在很多未知数。量子计算主要用于一些经典计算机不能解决的特殊问题，比如，复杂微观系统的模拟等。未来量子计算机的第一波应用也将首先应用于科学研究领域，将对科学的意义大于对商业，对科学家的意义大于普通人。可以预见，在相当长一段时间内，量子计算机不会取代经典计算机，二者会长期共存、互相促进，共同提升人类的信息处理能力。举例来说，火箭很快，但火箭并没有取代汽车、火车、飞机，因为它们的应用场景和善于解决的问题是不同的。

三、量子信息技术的重要价值

量子信息技术是一个十分抽象但又潜力巨大的技术创新领域。尽管从目前看，量子信息技术距离实际应用还有一定的距离，但是其重要技术创新价值已经逐渐显现，量子信息技术一旦真正走向成熟，将彻底改变信息技术创新态势，未来信息科学将从经典信息技术时代迈入量子信息技术时代，并产生巨大的创新价值。

（一）突破摩尔定律的局限，拓展技术创新的新空间

计算机理论和集成电路技术是推动计算机科学发展的主要动力。目前，主流集成电路集成技术已经达到 7 纳米的精度，半导体线宽和二极管开关的尺寸将达到原子级（1 纳米以下）逼近物理极限。在这样的微小尺度下，芯片元件集成度已经难以继续提高，元器件的热耗问题更加突出，纳米材料的量子尺寸效应使得经典物理定理失效，摩尔定律也因此走向尽头，经典计算机理论和集成电路技术难以再推进计算机性能的提升。量

子信息技术的最大价值所在，就是在利用微观世界的量子理论在基础原理上突破经典计算机理论，突破集成电路技术的极限，为计算机技术创新打开新的理论和技术空间，利用量子特性设计功能更加强大的计算机，持续不断满足人类社会不断增长的信息存储以及计算能力需求。

（二）带来计算能力的飞跃，开辟战略竞争的新赛道

量子信息技术能够带来计算能力的指数级增长。量子计算机同经典计算机相比的显著优势是真正实现并行处理。经典计算机基于比特进行串行操作运算，而量子计算机基于量子比特进行并行操作运算。形象而言，它们运算速度的差异，就如同万辆汽车排队过收费站与万架飞机高速并行飞行的区别。量子计算机实现了计算能力的指数级提升，许多需要经典计算机运算数年、数十年甚至完全不可能完成的复杂计算问题，量子计算机能够在很短的时间之内轻松完成，计算能力的飞跃将带动相关应用领域的革命性突破。谁先掌握了量子信息技术，谁就可以在基础物理、生物医药、材料设计、化学

模拟、数据分析、人工智能、信息安全、武器研究等需要复杂计算的领域获得了绝对优势和颠覆性突破，有望像核能技术改变战略竞争格局。这些因素最终促成了当今世界主要先进国家和国际巨头对量子信息技术的研发投入越来越重视，成为抢占未来竞争优势的战略制高点。

（三）孕育更加安全的技术，形成信息安全的新格局

网络信息安全一直是信息技术发展过程中挥之不去、无法回避的重要问题。基于量子的纠缠态、不可分割、不可复制等特性，量子通信和量子密码技术将从基础原理和技术架构层面系统性化解各类信息安全风险。构成形成更加安全的信息技术体系，在量子通信和密钥分发过程中，基于量子纠缠、不可分割、不可复制等特性，在基础原理上窃听和非法复制行为是一定会被察觉的，再加上"一次一密"的加密机制，可以基于量子力学理论上实现无条件的信息安全，被称为保障未来信息社会通信机密性和隐私的关键技术。

（四）冲击现有信息技术体系，构成降维打击新威胁

发展量子信息技术必须主动应变。量子计算机一旦发展壮大起来，将基于巨大的计算能力，对现有信息系统实现降维打击的能力，十分轻松地破解现有的加密算法。目前最为普及、更被行业领域广泛应用的信息加密技术 RSA 方案是基于经典计算机难以完成大数的质因数求解的基本判断的。但是量子计算机十分擅长进行大数分解，一旦量子计算机得以研制成功，大数分解的计算将很容易被解决，这样 RSA 加密算法很可能将失效，必将带来破坏性的后果。密码是现代金融体系、电子商务、各类业务系统、各种互联网应用以及方兴未艾的区块链技术的重要基础，量子信息技术的突破将对各行业领域的信息系统带来巨大的破坏性影响，如果不及时研究和做好布局将引发灾难性后果。相应地，如果能够及早地切换到量子信息加密方案，对于防止系统性通信安全风险具有重要意义。

综合上面四个原因，无论对世界大国还是进取型信息技术巨头，无论是出于抢抓机遇还是应对威胁的目的，都必须及早开展量子信息技术的前瞻研究和战略布局。

四、量子信息技术的发展态势

量子信息技术已经成为当今世界科技研究的一大热点，世界主要国家都高度关注量子信息技术发展，纷纷加大政策和资金支持的力度，抢占量子信息技术的制高点。量子信息技术基础研究是一项投入巨大、见效缓慢的工作。目前世界上有能力开展相关研究的主要还是以美欧日等发展国家和地区为主，比如，谷歌、亚马逊、IBM 等体量庞大、实力雄厚的超级公司。

（一）政策视角：世界主要国家量子政策

1. 美国的量子信息技术政策概览

美国是最早积极推进量子信息技术发展的国家之一。从 20 世纪 90 年代开始，美国就将量子信息技术作为国家科技发展的重点方向，从巩固经济和军事优势的角度加快在量子信息技术领域的布局，密集出台了一系列政策法规和规划文件，基于政策先发优势和技术领先优势，在全球范围内引领量子信息技术发展。

早在 2002 年，美国国防部高级研究计划局（DAR-

PA）就制定了《量子信息科学与技术发展规划》，提出了美国官方促进量子信息科技发展的主要任务和进度安排。2007年，美国国防部进一步将量子信息科技作为核心技术基础列入其战略规划，并于2015年将量子信息科技设定为其三大技术前沿之一。2009年，美国国家科学与技术委员会（NSTC）发布了《量子信息科学的联邦愿景》，提出联邦政府要加强量子技术的控制和利用；2016年7月，又发布了《推进量子信息科学发展：国家的挑战与机遇》（*Advancing Quantum Information Science：National Challenges and Opportunities*）报告，分析了美国在发展量子信息技术面临的挑战以及应对措施，明确了美国联邦政府在量子信息技术领域的主要扶持发展内容。

2018年6月，美国众议院通过了《国家量子倡议法案》（*National Quantum Initiative Act*），此法案具有国家技术战略性质，标志着美国量子信息技术政策的效力和范围进一步提升，旨在通过更大的研发投入和更具有凝聚力的国家量子战略以确保美国在量子科学领域的领导地位。该法案提出，未来十年联邦政府将全力推动量子科学发展，并向美国能源部（DOE）、国家标准与技术研究所（NIST）以及国家科学基金（NSF）共12.75

亿美元，作为 2019 到 2023 年的量子研究经费。此外，美国白宫科技政策办公室还设立量子信息科学小组委员会，负责在量子技术上协调形成国家的议事日程，协调联邦政府各部门之间的量子技术发展工作。2019 年，美国政府发布未来工业发展计划，将量子信息技术等四大关键技术视为未来科技和产业发展的"基础设施"，认为发展量子信息科学能够保持美国在全球产业变革中的主导地位。政策上的持续支持，使美国在全球量子信息技术研发上占据了主导和领先地位。

2. 欧盟的量子信息技术政策概览

欧盟把量子技术作为技术发展战略的基石，从战略层面推出相关的规划和技术标准，力图率先在量子计算上取得突破。2008 年，欧盟发布《量子信息处理与通信战略报告》，提出了欧洲量子通信网络的分阶段发展目标，并启动了量子通信技术标准化研究，开展"基于量子密码的安全通信"工程建设，这是继欧洲核子中心和国际空间站后又一次大规模的国际科技合作。

2016 年 3 月，欧盟委员会发布《量子宣言》，更加全面地包括了量子计算、量子通信等量子技术，可看作是欧盟量子信息技术发展战略，宣言提出了"第二次量子革命"的口号，启动了高达 10 亿欧元的量子信息技术研究计划，以使欧洲在量子信息技术研究中处于领先地位。2018 年，欧盟启动量子旗舰项目，聚焦量子通信、量子传感器、量子模拟器和量子计算机等创新方向分别设定 5 年内、5 年到 10 年内和 10 年以上的短中长期发展目标，据此为量子信息技术基础研究和产业链提供资助。其中德国、荷兰等成员国还发布了本国的量子信息技术政策，强化研发投入。

3. 英国的量子信息技术政策概览

2013 年，英国发布了为期 5 年的量子信息技术专项，成立量子计算研究院，制订了五年量子技术计划，投入 2.7 亿英镑用于量子通信和量子计算等方面的研究成果转化，促进新应用和新产业的形成。每年投入 2.7 亿英镑支持相关技术研发。2014 年，启动《英国国家量子技术计划》，计划投资超过 10 亿英镑，建立量子通信、量子传感、量子成像和量子计算四大研发中心，推动产学研合作。2015 年，英国先后发布《量子技术国家战略》和《英国量子技术路线图》，将量子技术发展提升至影响未来国家创新力和国际竞争力的重要战略地位，并通过科学的顶层设计引导未来 20 年的量子技术研发与应用。2016 年 12 月，英国政府科学办公室发布量子技术报告《量子技术：时代机会》，提出建立一个政府、产业、学界之间的量子技术共同体，使英国能在未来的量子技术市场中抢占世界领先地位，实质性地提高英国产业的价值。

4.日本的量子信息技术政策概览

日本在量子计算机方面也不甘落后，凭借着本身的技术和资本积累，大力扶持量子计算机研究。自 2001 年起，日本邮政省开发量子通信技术，并将该技术作为国家级高技术研究开发计划之一，提出了以新一代量子通信技术为对象的长期研究战略，并计划在 2030 年前建成绝对安全保密的高速量子通信网。2013 年，日本成立量子信息和通信研究促进会以及量子科学技术研究开发机构，计划在 10 年内投入 400 亿日元支持量子技术研发。2016 年，日本内阁在《第五期科学技术基本计划（2016—2020)》中，将光量子技术定位为基础性核心创新技术之一。

2017 年，文部科学省发布《量子科学技术的最新推动方向》白皮书。2020 年，日本政府预算中有关量子技术研发的费用比 2019 年度翻了一番，达到约 300 亿日元（约合 20 亿元人民币），其中 233 亿日元将划归文部科学省使用。日本计划在 2020—2030 年建成绝对安全保密的高速量子通信网，从而实现通信技术应用上质的飞跃。日本国家信息通信技术研究院计划在 2020 年实现量子中继，到 2040 年建成极限容量、无条件安全的广域光纤与自由空间量子通信网络。

5. 我国的量子信息技术政策概览

我国也高度重视量子信息技术发展，先后通过国家自然科学基金、"863"计划、重大专项、重点研发计划等多种渠道中重点支持量子信息技术研究。2011 年，科技部启动了"十二五"导向性重大项目（超级"973"），设置了固态量子芯片、全量子网等两个量子信息相关的科研项目。2017 年，科技部、教育部、中国科学院、国家自然科学基金委员会联合印发了《"十三五"国家基础研究专项规划》，将量子通信和量子计算列为重大科技项目，提出量子通信关键技术和成套设备、量子保密通信技术、超远距离光纤量子通信网、量子系统、量子芯片材料、量子计算机整体构架以及操作和应用系统、量子探测等基础研究内容。2017 年 9 月，我国开始建设量子信息科学国家实验室，以国家信息安全保障、计算能力提高等重大需求为导向，着力突破推动以量子信息为主导的第二次量子革命的前沿科学问题和核心关键技术，培育形成量子通信等战略性新兴产业，抢占量子科技国际竞争和未来发展的制高点。

在上述政策的扶持引导下，我国量子信息技术也稳步发展，尤其是量子通信发展较快，规模化商业应用走在世界前列。2016 年 8 月，我国成功发射了世界上第一颗量子科学实验卫星"墨子号"，一是开展星地之间的量子密钥分发，在 1200 公里的距离上，目前每秒钟点对点可以传输 10 万个安全密钥，这比相同距离光纤的传输速率提高了 20 个数量级。二是实现了德令哈到乌鲁木齐，德令哈到丽江之间，距离都差不多是 1200 公里的量子纠缠分发，验证了即使相隔上千公里，量子纠缠之间的诡异互动也是存在的。三是实现了上千公里的量子隐形传态。我国量子通信逐渐取得领先优势。

（二）研究视角：量子信息技术研究情况

从 SCI 论文总量上看，美国以 8492 篇的总量稳居第一，数量超过第二、三名之和，占全球量子计算论文发表总量的 31%。中国、德国分别以 4573 篇、3325 篇的总量分列第二和第三名，全球论文占比均超过 10%。英国、日本、加拿大、意大利、法国、澳大利亚和俄罗斯，位列第四到第十位。

从顶尖科研机构上看，全球论文发表数量前 20 的量子计算研究机构中，美国顶尖的量子计算研究机构多达 7 个，欧盟境内的顶尖研究机构多达 6 个。中国有 3 个，分别是中国科学院（第三）、中国科学技术大学（第七）和清华大学（第十七）。此外，俄罗斯、加拿大和新加坡各有 1 个。

论文数量

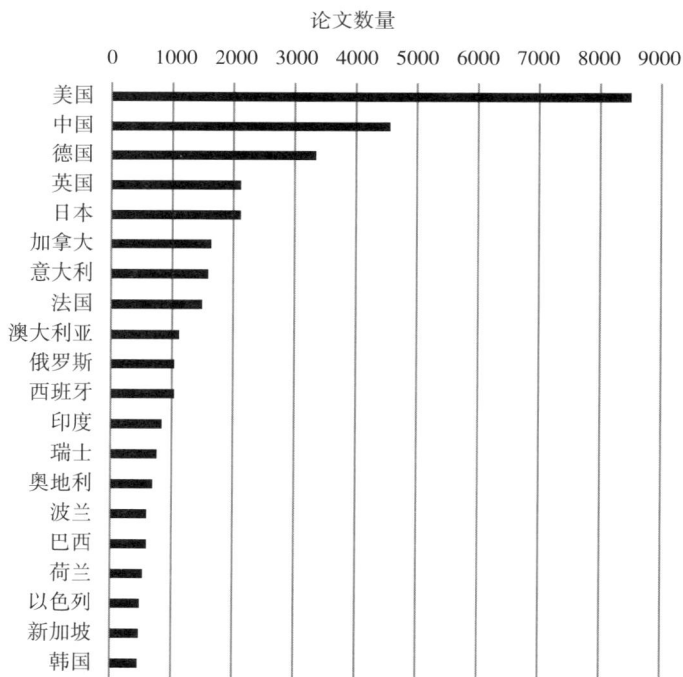

图 9-3　各国量子信息技术相关论文数量

资料来源：全球技术地图

从各国申请数量上看，其他国家与美国的差距十分明显。美国以 600 余件的总量高居榜首。日本专利申请数量为 171 件，不到美国的 1/3。中国、加拿大、澳大利亚、英国、德国、韩国和新加坡位列其后，数量均不

论文数量

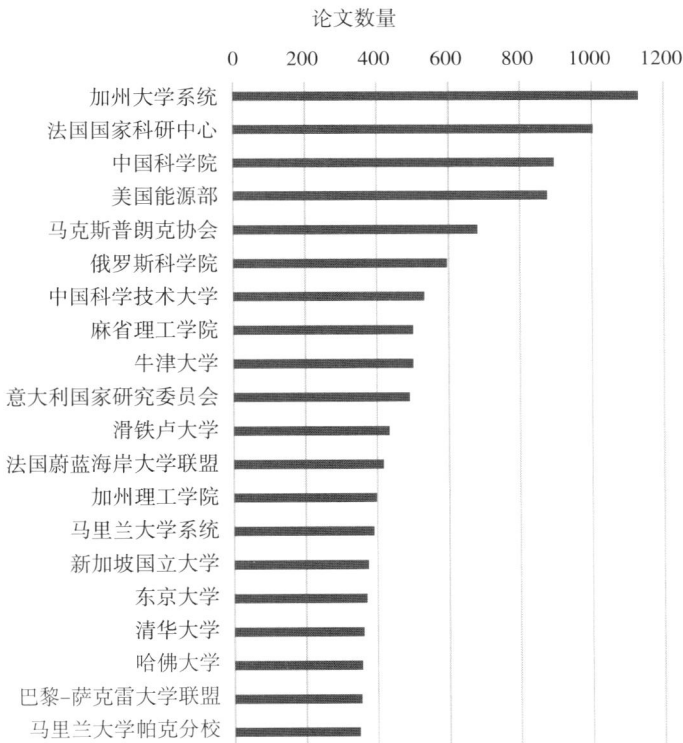

图 9-4　量子信息主要研究机构论文数量图

资料来源：全球技术地图

专利数量

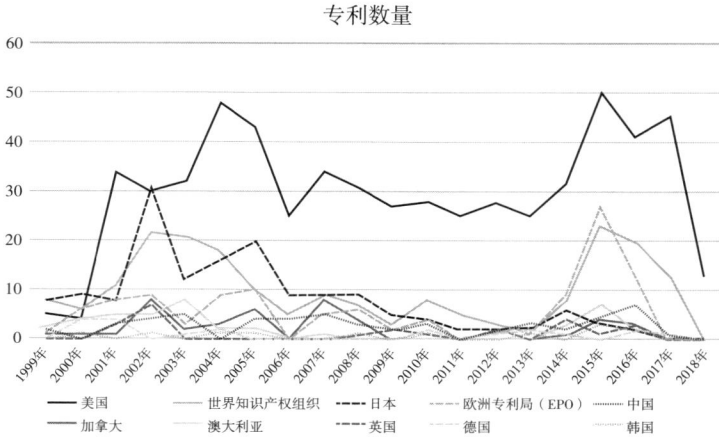

图 9-5　世界主要国家和地区量子信息技术专利数量

资料来源：全球技术地图

超过 60 个，不及美国的 1/10。

　　从技术路线来看，我国在量子通信领域投资比例较大，美国则将量子计算技术作为最重要的研发方向。从研发主体来看，高校、国家实验室和企业是量子信息技术发展的主要参与方。其中量子通信技术因其对国防和政府信息安全的重要性，其研发主要由国家实验室和相关附属企业承担。对于量子计算来说，由于其潜在的巨大商业价值，国外 ICT 巨头和初创企业均投入了相当大的人力和财力进行研发。比如，IBM、谷歌和微软均进入了量子计算的研发队列，并且技术水平目前处于第一梯队。据 IBM 披露，其已经在量子计算领域持续投入了 20 年，累计投入资金 380 多亿美元。在 2020 年 1 月 7 日的 CES 展会上，IBM 宣称其已经与 100 多个组织建立了产业生态合作关系，并将在美国、欧洲和日本部署其首批商用量子计算机。可见，美国企业正成为引领量子信息技术创新投入的主体。国内相应的投资主要以政府引导为主，而且资金和人力资源也主要分布于国家实验室和高校教师主办的企业中。虽然近年来国内 ICT 主要企业巨头华为、阿里巴巴、腾讯和百度也已加入量子信息的研发队列，其整体资源投入和技术积累相比国外科技巨头仍然差距巨大。

（三）产业视角：量子信息技术领军企业

技术创新企业是量子信息技术落地的重要推动力量，世界范围内，已经涌现出一批量子信息技术的领头羊企业，在不同的技术创新领域加快推进量子信息技术的应用落地工作，并逐步形成了一定的技术领先优势。

1. D-Wave System 公司

D-Wave System 公司是加拿大专门从事量子信息技

术的创新公司，在量子计算机硬件研发上具有较强的技术领先优势。2007 年 D-Wave 公司宣称研发出 16 个量子比特的量子计算机"猎户星座"；2011 年 5 月正式发布了 128 个量子比特的量子计算机"D-Wave One"。2017 年 1 月推出 D-Wave 2000Q，声称该系统由 2000 个量子比特构成，可以用于求解最优化、网络安全、机器学习和采样等问题。对于一些基准问题测试，如最优化问题和基于机器学习的采样问题，D-Wave 2000Q 胜过当前高度专业化的算法 1000 倍到 10000 倍。D-Wave 使用的量子比特数量在业界处于领先地位，但 D-Wave 现有的量子计算设备的性能仍无法超越经典计算机。

2. IBM 公司

IBM 是老牌 IT 技术巨头，十分重视对未来技术的前瞻布局和研究。早在 20 世纪 80 年代，IBM 就资助量子信息技术的相关理论研究。目前广为接受的 Divincenzo 五大准则，就是物理学家 Divincenzo 在 IBM 工作期间提出的。20 世纪 90 年代末，IBM 利用离子阱技术建立了一个 7 量子比特的系统，尽管没什么实用价值，但是证明了量子计算机的理念是可行的。2019 年，在国际消费类电子产品展览会（CES）上，IBM 宣布推出 IBM Q System One。IBM Q 由 IBM 科学家、系统工程师和工业设计师设计，具有精密、模块化和紧凑的设计，在稳定性、可靠性方面进行了优化。该系统是世界上首个专为科学和商业用途设计的近似超导量子计算机，目标是解决当前经典系统无法处理的被认为是过于复杂的问题，帮助开发者构建量子计算机与常规架构计算机之间的接口。

3. 谷歌（Google）

谷歌是世界上最大的搜索引擎公司，正在大力发展量子计算机。谷歌的量子计算机研究工作主要由 Google AI Quantum 团队和其最为神秘的 Google X 实验室来承担。Google AI Quantum 团队旗下有一支量子硬件团队，2019 年 9 月，谷歌宣称研制成功一款名为"Sycamore"的量子计算机，此款量子计算机实现了 53 个量子比特，只需 200 秒就能解决世界上最快的超级计算机要花 1 万年才能解决的问题，宣称实现了"量子霸权"。但也有对此持不同意见的观点。比如，IBM 公司就对谷歌提出的量子霸权说法不以为然，他们分析后认为，所谓需要经典计算机 1 万年的计算时间，实际只需 2.5 天。

4. 微软

微软是全球最大的软件公司之一。微软制定了量子计算生态系统计划，包括从能够持续运行需要数万个量子位计算的硬件，到可以编程并控制量子计算机的软件系统。2019 年，微软在其 Ignite 2019 大会上，发布了 Azure Qauntum（全栈式开源量子云生态系统），展示了拓扑量子位以及硬件软件生态系统开发方面取得的进展，发布了为驾驭规模化量子计算机而专门优化的新的编程语言，让开发者能够编写量子程序，在当前的量子模拟器上调试，并能够在未来真正的拓扑量子计算机上运行。微软还在开展与 1QBit、Honeywell、IonQ 和 QCI 等量子硬件企业合作，致力于布局整个量子计算生态。

5. 亚马逊（AWS）

亚马逊公司是一家总部位于美国西雅图的跨国电子商务企业，目前是全球最大的互联网线上零售商和云服务供应商之一。2019 年 12 月，Amazon 宣布推出三个关键计划来帮助其发展量子计算技术。分别是量子计算服务（Amazon Braket）、量子计算中心和亚马逊量子解决方案实验室。其中，Amazon Braket 通过提供一个开发环境来构建量子算法，可以使开发人员在 AWS 云上进行模拟测试，或在量子计算机上进行测试。量子计算中心将集结众多专家共同开发新的量子计算技术，并寻求其应用，以促进科学及工业领域的革新。量子解决方案实验室聚焦具有重大影响的量子应用程序的开发，帮助客户为量子计算做好准备，开展的工作主要包括量子系统模拟、组合优化问题、机器学习等。

6. 英特尔（Intel）

英特尔因其在半导体芯片领域的绝对地位而备受瞩目，众所周知的摩尔定律就是英特尔创始人之一戈登·摩尔在 1965 年提出的。英特尔在量子计算方面的研究既包括超导量子研究和自旋量子研究。2019 年 12 月，英特尔研究院推出代号为"Horse Ridge"的首款低温控制芯片，实现了对多个量子位的控制，可加快全栈量子计算系统的开发步伐，是量子实用性道路上的一个重要里程碑。

7. 我国的量子信息技术公司

我国的互联网龙头和信息技术企业也积极投资量子计算，开始面向未来布局量子信息技术研发。

（1）华为。华为创立于 1987 年，是全球领先的 ICT 基础设施和智能终端提供商。2012 年，华为就将量子信息技术纳入其战略研究领域，并在量子通信、量子计算和相关基础软硬件研究等方面形成了一定的技术积累。华为正致力于国内最活跃的量子信息技术开发者社区，并逐步拓展完善量子信息技术产业生态联盟。2018 年，华为发布了 HiQ 量子计算软件解决方案，并对外提供高性能量子计算 HiQ 云服务，为开发者开展能量子计算基础研究和教学提供服务。HiQ 包含通用量子计算编程框架、高性能量子电路模拟器、面向应用的量子化学模拟器和面向量子芯片控制的脉冲优化软件包等功能模块，并已在华为云上提供量子计算开发全栈服务。

（2）百度。百度是国内知名的搜索引擎和人工智能服务提供商。2018 年 3 月 8 日，百度宣布成立量子计算研究所，开展量子计算软件和信息技术应用业务研究。百度量子计算研究所对量子信息科学保持广泛的研究兴趣，现阶段重点聚焦在如下三个方向上：量子人工智能（Quantum AI）、量子算法（Quantum Algorithm）和量子体系结构（Quantum Architecture），合称为 QAAA 计划。2019 年百度发布量脉，开发了量子脉冲计算系统，适用于核磁共振量子计算、超导量子计算等平台的量子逻辑门脉冲快速产生及优化。

（3）阿里巴巴。2015 年 7 月，阿里巴巴旗下阿里云和中国科学院在上海建立阿里巴巴量子计算实验室。该实验室研究各个领域的量子计算应用，包括人工智能与电子商务和数据中心的安全性。2018 年 2 月，阿里云依托中科院推出了具有 11 个量子比特的量子计算云服务。同年 5 月，阿里巴巴达摩院下的量子实验室宣布成功研制出名为"太章"的量子电路模拟器。基于阿里巴巴集团计算平台在线集群的超强算力，"太章"在世界上率先成功模拟了 81 比特 40 层随机量子电路。2019年阿里巴巴量子计算实验室硬件团队宣布完成一个量子比特测控，开始搭建更大规模的量子计算硬件平台。

（4）腾讯。2017 年年初，腾讯开始进军量子计算。腾讯量子实验室是腾讯在量子计算领域的研究平台，与学术界和产业界其他量子机构广泛开展合作，在各个产业寻找实际应用的机会点，共同推动量子科学研究与应用的发展。2018 年，腾讯提出用"ABC2.0"技术布局（AI、RoBotics、Quantum Computing），构建面向未来的基础设施，探索推动以技术服务 B 端实体产业。在其全球数字生态大会上，腾讯量子实验室集中向外界展示了量子 AI、化学相关行业初探、Simhub 科学计算平台等几大核心研究成果。

（5）国盾量子。科大国盾量子技术股份有限公司发源于中国科学技术大学，自 2009 年 5 月创办、2014 年设立广东子公司以来，已成长为全球领先的量子通信设备制造商和量子安全解决方案供应商。目前主要参与国家量子保密通信干线及量子城域网的规划、建设和服务工作，能生产光交换机、经典量子波分复用终端、移动安全服务平台、量子网络管控及业务支撑系统等多款产品，为量子网络的推广、应用和商业化提供了重要支撑。

（6）本源量子。本源量子成立于 2017 年 9 月 11 日，是国内首家量子计算初创公司。本源量子技术起源于中国科技大学建设的中国科学院量子信息重点实验室，专注量子计算全栈开发，各类软、硬件产品技术指标国内领先，已申请专利百余项。从量子软件的开发，到量子芯片的研究，以及量子人工智能的应用都有开发探索。2018 年 1 月本源量子发布量子计算云平台，正式上线了 32 位量子虚拟机，公众可免费体验量子编程。2019 年 4 月，独家上线量子教育平台，对外开放量子计算入门基础、量子计算编程、量子计算硬件、量子算法等课程。

参考文献

1. 维克托·迈尔-舍恩伯格等:《大数据时代》,浙江人民出版社 2013 年版。

2. 周民等:《2019 电子政务发展前沿》,中国市场出版社 2019 年版。

3. 玛格丽特·博登著,孙诗惠译:《AI:人工智能的本质与未来》,中国人民大学出版社 2017 年版。

4. 任仲文:《人工智能领导干部读本》,人民出版社 2017 年版。

5. 华为区块链技术开发团队:《区块链技术及应用》,清华大学出版社 2019 年版。

6. 国务院发展研究中心:《中国云计算产业发展与应用白皮书》2019 年 10 月。

7. 吴彤:《关于人工智能发展与治理的若干哲学思考》,《学术前沿》,2018 年 5 月。

8. 工业和信息化部:《物联网发展规划(2016—2020 年)》,2017 年。

9. 工业和信息化部:《工业互联网发展行动计划(2018—

2020 年)》，2018 年。

10. 5G 与高质量发展联合课题组：《迈向万物智联新世界》，中国社会科学出版社 2019 年版。

11. 万芬、余蕾、况璟等：《5G 时代的承载网》，人民邮电出版社 2019 年版。

12. 吴今培：《量子概论》，清华大学出版社 2019 年版。

13. 尼古拉·桑吉著，周荣庭译：《跨越时空的骰子：量子通信、量子密码背后的原理》，上海科学技术出版社 2016 年版。

责任编辑：关　宏

封面设计：周方亚

图书在版编目（CIP）数据

信息化领域前沿热点技术通俗读本／国家信息中心　著．－－5 版．－－

　　北京：人民出版社，2020.3（2024.8 重印）

ISBN 978－7－01－021912－7

I.①信…　II.①国…　III.①信息技术－中国－通俗读物

　　IV.① G202－49

中国版本图书馆 CIP 数据核字（2020）第 035621 号

信息化领域前沿热点技术通俗读本

XINXIHUA LINGYU QIANYAN REDIAN JISHU TONGSU DUBEN

国家信息中心　著

人民出版社 出版发行

（100706　北京市东城区隆福寺街 99 号）

北京中科印刷有限公司印刷　　新华书店经销

2020 年 3 月第 1 版　2024 年 8 月北京第 5 次印刷

开本：880 毫米 ×1230 毫米 1/32　印张：6.625

字数：105 千字

ISBN 978－7－01－021912－7　定价：39.80 元

邮购地址 100706　北京市东城区隆福寺街 99 号

人民东方图书销售中心　电话（010）65250042　65289539